취업비밀노트

취업 비밀 노트

3년 취준생이 쓴 3일 만의 합격 노하우

· 박인영 지음 ·

평 단

'최종 합격을 축하드립니다.' 대학교 4학년 1학기 때 취업 준비를 시작해 이 말을 듣기까지 정확히 3년이 걸렸다. 그 사이 이미 취직해서 신입 직함을 떼고 대리로 승진한 친구도 있고, 세 번 이직한 친구도 있다.

그런 친구들을 보면서 학점 관리 좀 할 걸, 토익 점수도 900점을 넘겨 둘 걸, 다른 전공을 선택할 걸 등등 하루에도 수십 번씩 밀려오는 후회 속에서 작성한 자기소개서가 150여 개가 넘는다. 연이은 불합격 소식에 자존감은 바닥까지 떨어졌고, 영영 취업을 못 하면 어쩌나 하는 불안감에 수없이 울었다. 스트레스로 인해 얼굴에 트러블이 끊이지 않았던 백수가 바로 6개월 전의 내 모습이다.

물론 취업이 되기까지 3년 동안 많은 일을 했다. 인턴과 단기 계약직으로 근무하면서 각종 금융자격증을 취득했고, 토익 점수를 875점으로 올려놓았다.

취업을 하고 나서 합격하는 데 오래 걸린 이유를 곰곰이 생각해 보았다. 물론 서류 전형과 면접에서의 연이은 탈락 때문이지만 더 큰 이유가 있다는 사실을 알게 되었다. '아무 데나 가도 된다' 혹은 '어디라도 가겠지'라는 철없는 생각과 '앞에 놓인 관문만 통과하면 된다'는 급박한 마음이 더 큰 문제였던 것이다. 돌이켜 보면 '취업하기'는 단순한 관문이 아니었다. 취업을 인생 전체의 연장선으로 바라보는 큰 그림을 그린 뒤, 그에 맞는 방법을 갖고 시작했더라면 한 번에 끝낼 수도 있었을 거라는 깨달음을 얻었다.

가고 싶은 회사의 신입사원이 되기 위한 전략은 의외로 단순하다. 그 기업이 아니면 안 되는 이유 세 가지와 취업 전쟁에 뛰어들기 위한 단단한 각오가 있으면 그것으로 이미 절반의 준비가 끝난 셈이다.

먼저 자기 자신에게 이렇게 질문해 보라. '네가 진짜로 원하는 게 뭐야?' 이 문제에 대해 진지하게 고민해 보고 답변을 얻은 후에는 어떤 자격증을 취득해야 하고, 어느 회사에서 인턴을 하면서 실무 경험을 쌓아야 하고, 어떤 대외 활동을 해야 그 기업에 합격할 수 있는지 '길'이 보이기 시작할 것이다. 스펙 쌓기보다 더 중요한 것은, 먼저 자신의 인생을 만들어 갈 올바른 방향을 치열하게 고민하고 결정하는 것이다.

내가 이 책을 쓰는 이유도 이러한 사실을 알려주는 사람이 없었기 때문이다. 그러나 3년 동안의 험난하고 고생스러운 길을 가고 나서 이 점을 깨닫게 되었고, 나처럼 몰라서 헤매거나 앞이 보이지 않아 괴로워하는 사람들에게 이 책이 지침서이기 이전에 동반자가 되어 주기를 희망하는 마음에서 내 경험을 털어놓게 되었다.

젊은 청춘을 '~했더라면'이라는 후회의 시간을 보내지 않았으면 하는 바람과 함께, 최단 시간에 취업의 방법과 인생의 길을 이 책을 통해 곧바로 찾으시길 진심으로 빕니다!

더불어 3년간 묵묵히 기다려 주신 부모님과 언니, 형부께 감사의 마음을 전합니다.

박인영

/ CONTENTS /

PROLOGUE ··· 4

Part 1
취업 전쟁에 임하며 준비해야 할 것들

1. 준비되지 않은 취업 전쟁의 시작
   이메일 주소가 특이하시네요? ···························· 14
   취업이 되기까지 왜 3년이나 걸렸을까? ················· 16
   잠깐만요! 기업 정보를 얻을 수 있는 참고할 만한 사이트들 ··· 21

2. 취업 첫 번째 관문, 자기소개서
   연이은 불합격 통보 ······································ 23
   공채가 어렵다면 주저 말고 인턴을 노려라 ················ 31

3. 취업준비생들이 궁금해하는 질문들
   졸업 유예자는 취업에서 불리한가? ······················ 34
   졸업을 앞둔 시점, 기업 인턴에 뽑혔는데 가야할까요? ······ 36

4. 성공과 실패는 모두 인생의 한 부분이다
    마지막까지 최선을 다해야 하는 이유 ----------------------------- 41
    지금 힘들다면 더 잘되기 위한 과정일 뿐이다 ---------------------- 48

5. 어떤 일을 하면서 살고 싶으신가요?
    합격 결과에 따라 달라지는 장래희망 ----------------------------- 51
    가슴이 원하는 곳, 그것이 취업의 정답이다 ----------------------- 55

6. 선 선택, 후 준비
    B와 D사이는 C -- 60
    기업을 선택할 본인의 권리를 잊지 말라 -------------------------- 64
    참고할 만한 구인 구직 사이트들 ------------------------------- 66

7. 우연히 잡은 행운은 오래가지 않는다
    시간 활용도 하나의 전략 -------------------------------------- 68
    면접은 상대가 듣고 싶은 말을 하는 것이다 ----------------------- 71

Part 2

취업의 필살기
- 자기소개서와 이력서

1. 언제부터, 무엇을 해 놓아야 할까?
    단계별로 시작하기 -- 78
    이력서 사진은 외모가 아니라 이미지가 중요하다 ------------------ 84

2. 방향은 많은 것을 결정해 준다
    자신이 원하는 것을 찾아가라 ----------------------------------- 87
    선택하고 집중하라 --- 89

3. 충분히 일할 자격이 있는 지원자가 되라
   면접에서 회사 분위기를 파악할 수 있다 ----------------- 93
   자기소개서에 자신의 생각이 드러나야 한다 ----------------- 96
   🐤잠깐만요! 자기소개서 작성 TIP ----------------- 99

4. 기업에 대한 애정과 합격률 간의 관계
   자기소개서에는 정성과 진심이 담겨야 한다 ----------------- 102
   제출한 자기소개서는 반드시 보관하라 ----------------- 104
   무례함은 인사 담당자의 기억에 남게 마련이다 ----------------- 108

5. 작은 부분의 완성도가 합격을 부른다
   낮은 학점에도 서류 합격률이 높았던 비결 ----------------- 112
   교내활동 한줄 작성에도 전략이 필요하다 ----------------- 117
   🐤잠깐만요! 취업 준비하며 돈도 벌고,
              자기소개서에 적기 유용한 아르바이트 ----------------- 120

6. 똑같은 지원자, 다른 상황
   같은 기업에서 불합격과 합격을 차례로 맛보다 ----------------- 123
   묻거나 따지지 않고 무조건 탈락, 필터링의 진실 ----------------- 126

7. 당신의 하루는 어땠나요?
   취업준비생의 일과표 ----------------- 130
   취미로 시작한 공모전, 수상경력 한 줄로 합격률을 올리다 ----------------- 134
   🐤잠깐만요! 공모전에 참여하는 초간단 방법 및 단계 ----------------- 140

Part 3
합격을 위해 반드시 통과해야 하는 관문
– 인적성, 면접, 논술

1. 잊지 못할 첫 면접 경험
   복장부터 태도까지 무장하기 ──────────── 144
   지원자들의 기지를 볼 수 있는 순발력 테스트 ────── 154
   토론면접에서는 절대 언쟁하지 말라 ────────── 155

2. 옆 사람은 경쟁자가 아닌 협력자
   협동심이 합격률을 높인다 ──────────── 159
   면접관이 원하는 인재상은 하나가 아니다 ──────── 162

3. 색다른 면접 기회들
   도전하라, 챌린지 C은행 ──────────── 165
   모두에게 열려 있는 현장 면접 기회, H백화점 이야기 ─── 167
   네 끼를 보여줘, T기업의 상상마당 ────────── 169
   I은행, 당신을 보여 주세요 ───────────── 170

4. 합격과 탈락으로 본 올바른 면접 · 인적성 준비 방법
   시험장 가기 전에 해야 할 일들 ─────────── 173
   인성검사가 당락을 좌우할까? ───────────── 178
   인적성 준비 시점 ───────────────── 180
   인적성 합격 TIP ───────────────── 182

5. 면접관 앞에서 반드시 주의해야 할 점
   나를 제대로 파악하자 ──────────────── 188
   만만한 회사는 없다 ──────────────── 193
   잠깐만요! 면접 질문에 대한 답변 연습 방법 ────── 199

6. 스터디의 힘
　　좋은 스터디를 만드는 법 ----------------------------------- 201
　　스터디 운영에도 치밀한 전략이 필요하다 ---------------- 208
　　논술 스터디에서 타의 모범이 되었던 이유 --------------- 216
　　잠깐만요! A등급 받은 논술 ------------------------------ 221

Part 4

마지막 피니쉬 라인을 향해!
- 채용 마무리

1. 아무도 알려주지 않는 당신의 탈락 이유
　　이젠 정말 마지막이라 생각한 그 순간 ------------------- 226
　　귀하는 합격자 명단에 없습니다 ------------------------- 229

2. 최종 합격을 축하드립니다
　　끝날 때까지 끝난 게 아니다 ----------------------------- 234
　　합격, 그 뒷이야기 --------------------------------------- 236
　　잠깐만요! 취업준비생이 버려야 할 것들 BEST 5 -------- 239

내가 아는 사람이야기 ------------------------------------- 242

부록

합격 자기소개서 모음 ------------------------------ 244

EPILOGUE -- 285

Part

1

취업 전쟁에 임하며
준비해야 할 것들

① 준비되지 않은 취업 전쟁의 시작

• 이메일 주소가 특이하시네요? •

oxxxo는 대학교 2학년 때부터 지금까지 사용하고 있는 내 메일의 아이디다. 평소 사용하는 아이디이기에 입사 지원서를 작성할 때에도 메일 주소칸에는 언제나 oxxxo@n****.com을 적었다.

기업 인사 담당자들의 눈에 띄기 위해 만든 이메일 계정이 아니었음에도 독특해 보이는 아이디 덕분에 면접 때면 자주 받는 질문이 하나 있었다. 처음 본 면접인 D증권사 인턴 면접장에서도 첫 질문은 이러했다.

"인영 씨는 이메일 주소가 특이하네요. 무슨 의미예요?"

돌이켜 생각해 보면 이 질문에 이렇게 대답했어야 했다.

"의미는 없지만, 다른 사람이 쉽게 기억할 수 있도록 특이하게 지었습니다. 학생회 기획국장으로 활동하면서 타 학과 학생들을 만나는 일이 많았습니다. 그때마다 학우들 모두에게 핸드폰 번호를 알려주기에는 부담스러워 생각해 낸 것이 이메일 주소를 알려주는 것이었습니다. 하지만 종이와 펜도 없이 갑작스레 알려주어야 할 때가 많았습니다. 그래서 상대방이 한 번에 기억할 수 있는 아이디를 생각했고, 면접관님의 눈에도 한 번에 들어오는 지금의 이메일 주소를 만들게 되었습니다."

만약 내가 이렇게 말했다면 이 답변 하나를 통해 나는 사교적인 사람이며, 학생회 활동도 했다는 사실을 간접적으로 전할 수 있었을 것이다. 하지만 이 질문에 대해 나는 이렇게 대답하고 말았다.

"(떨리는 표정을 감추지 못하고 거의 울먹거리는 표정으로) 아… 아… 아무런 의미가 없습니다."

모범 답안이라 생각하는 앞의 답변이 비록 진실만 말한 것은 아니지만, 성의 없어 보이는 대답보다는 훨씬 낫다. 아무 뜻이 없다는 답변 하나로 인해 평소 어떤 일을 하는 데 있어서 아무 생각이 없는 지원자로 보였을 가능성이 매우 크기 때문이다.

사실 이메일에 심오한 뜻이 담긴 건 아니지만, 실제로 학생회 활동을 하고 있었기에 이메일 주소를 알려 줄 때가 많았다. 또 다수의 사람이 하는 것을 그대로 따라하기보다는 개성을 보여 주길 좋아하는 성격이어서 인상적인 아이디를 생각해 낸 것도 사실이었다.

그러므로 나는 면접에서 적어도 '왜 이런 튀는 이메일을 사용하게 되었는지'에 대해 말할 필요가 있었다. 이것이 자연스런 대화를 나누게 되는 출발점이 되어 더 많은 면접관의 질문을 끌어낼 수 있는 계기가 되었을 것이다. 그렇게 되면 다른 지원자들보다 면접관과 더 많은 대화를 나누면서, 나를 더 잘 보여 줄 수 있는 기회로 만들 수 있었을 것이다.

그러나 현실은 자신감 없는 태도와 의미 없는 답변 하나로 인해 일주일 뒤 D증권사 인사 담당자로부터 불합격 통지 메일을 받고 말았다.

면접에서 면접관에게 잘 보이고 싶은 마음에 거짓을 늘어놓아서는 안 되겠지만, 면접관의 질문을 좀 더 깊이 생각해 보고 성숙한 태도로 조리 있게 말하는 능력은 반드시 필요하다. 별생각이 없었다는 답변은 그야말로 그다음 대화를 가로막는 답변일 뿐이다.

···•취업이 되기까지 왜 3년이나 걸렸을까? •

2006년 수능시험을 치르고 난 후 점수와 등급을 확인했다. 고3 내내 학교에서 자체적으로 치렀던 모의고사와 6월·9월 전국 모의고사를 통틀어 최악의 점수를 받았다. 이것은 상대적으로 낮은 입시 점수를 필요로 하는 전문대도 2차 추가 합격으로 겨우 붙을 정도의 형편없는 점수였다.

결국 재수를 거쳐서 같은 또래 친구들보다 1년 늦게 대학에 입학했다. 1년 동안 더 이상의 후회가 없을 정도로 열심히 준비했기에 대학 생활이 값지게 느껴졌고, 또 충분히 누리고 싶었다. 그런데 너무 충분히 누린 것인지 결국 취업이 늦어져서 남들보다 3년은 더 대학생 신분에 머물렀다.

대학 입학 후 몇 학기가 지나 학점을 보니 2.96점에 불과했다. 도저히 안 되겠다 싶어서 잠시 학업을 멈췄다. 머리를 식혀야겠다는 생각과 여러 가지 이유로 배낭여행을 준비했다. 비수기인 4월에 3주 정도 유럽여행을 다녀왔고, 남은 개월은 아르바이트를 하면서 보냈다. 반 학기 휴학으로 인해 가을학기가 시작되기 전에 졸업하는 소위 코스모스 졸업생이 되었다.

휴학 후 복학해 1년을 학업에 충실했고, 4학년 1학기가 되어 처음으로 사회로 나아가는 입사 준비, 즉 취업 전쟁에 돌입했다. 여기서 말하는 입사 준비는 소위 스펙을 본격적으로 쌓았다는 의미가 아니라 자기소개서를 쓰기 시작했다는 말이다.

사실 '입사 준비'라고 하면 제각각 다르기 때문에 일률적으로 정의 내리기 어렵다. 대학에 입학하자마자 1학년 때부터 미래에 대한 설계를 시작하는 사람에게는 그때부터가 입사 준비일 것이며, (혹은) 군 입대를 마치고 복학해서 본격적으로 사회에 나갈 준비를 시작하는 사람들에게는 그때가 입사 준비일 것이기 때문이다.

나에게 있어서는 원서를 넣기 시작했을 때부터가 입사 준비였다. 4학년이 되기 전까지는 어떤 기업에 취업할 것인지에 대해 고민조차 해 보지 않았기 때문이다. 만약 나처럼 3년이라는 기나긴 시간을 취업준비생으로 보내고 싶지 않다면, 일찍부터 입사 준비는 어떻게 되어 가고 있는지 스스로 확인해 보기를 권한다.

처음으로 입사 준비를 시작한 학기에 원서를 넣은 기업은 고작 9개였다. 증권사, 은행, 보험사를 포함한 금융권 위주로 제출했다. 경제학과라는 전공을 살려야겠다는 목적이 컸고, 언니의 권유로 취득하기 시작한 금융자격증 4개를 이력사항에 적어 넣는다면 합격 승산이 있을 것이라고 생각했기 때문이다.

그러나 지금 생각해 보면, 이때 적어도 100개의 기업에 원서를 넣었어야 했다. 이는 합격 확률을 높이기 위해서가 아니라, 자기소개서를 공들여서 쓰다 보면 어떤 기업이 자신과 맞는지 알아가는 과정이 될 수 있기 때문이다. 자기소개서를 쓸 때 단순히 다른 기업에 제출했던 혹은 다른 사람이 작성한 소위 '합격 자기소개서'에 적힌 내용을 복사해서 붙여 넣어서는 자신에게 발전이 있을 수 없다. 반면, 기업에 대해 백방으로 알아보고 정성 어린 자기소개서를 여러 차례 쓰다 보면 그 자체가 자신을 알아가는 하나의 방법이 될 수 있다.

공정거래위원회가 발표한 대한민국 전체 대기업 수(14년도 8월 기준)만 해도 1,690개나 된다. 어떤 회사에 취업을 하겠다는 고민도 없이 그저 '자주 들어 본 기업'과 '알아주는 기업'에만 가려고 생각하는 것부터가 이미 잘못된 취업 준비라 할 수 있다.

대기업만을 고집하지 말라는 이야기가 아니다. 가고 싶은 기업이 왜 대기업이어야 하는지 혹은 왜 그 직무여야 하는지를 고민해 보라는 말이다. 이와 동시에 수없이 많은 기업 중에 자신과 궁합이 맞는 기업을 찾는 작업이 병행되어야 한다.

유통업, 금융업, 건설업 등 기업의 업종을 먼저 고르고, 그다음으로는 기업에 있는 부서를 하나하나 살펴봐야 한다. 어떤 일을 하고 어떤 목표를 지향하고 있는지, 어떤 자질을 필요로 하는지 찾아보는 과정이 필요하다. 그렇게 해야 본인이 가장 잘할 수 있는 일을 찾으면서도 흥미가 생기는 직무를 탐색해 보는 기회까지 동시에 얻을 수 있다.

나는 3년이 지나서야 깨달은 사실이지만, 만약 자신이 진심으로 원하는 기업이나 직무가 없다면 일단 기업에 대해 공부를 한 뒤 원서를 쓰는 것도 하나의 취업 전략이 될 수 있다. 특히 지금 원서를 막 쓰기 시작한 새내기 취업준비생이라서 자신이 무엇을 하고 싶은지에 대한 확고한 방향이 잡혀 있지 않다면 최대한 많은 기업의 이력서와 자기소개서를 작성해 보라. 또한 기업에 대해 알아보고 분석해 보는 과정도 필요하다. 단, 주변 사람들의 평판에 의지하지 말고 반드시 본인이 직접 회사를 파악해야 한다.

회사 정보를 얻는 가장 좋은 방법은 자신이 가고자 하는 회사에 취업한 선배나 후배 등 아는 지인을 찾아서 연락을 취하는 것이다. 회사 앞으로 찾아가 점심이나 저녁 식사를 함께하면서, 인터넷 검색만으로는 알 수 없는 값진 정보들을 얻을 수 있다. 가까운 사이가 아니어서 만남이 부담스럽다면, 궁금한 점들을 하나씩 나열한 뒤 보기 좋게 정리해서 이메일로 보내는 것도 좋다.

주변에 아는 사람이 없어서 이것마저도 불가능하다면 컴퓨터를 끄고 밖으로 나가 보라. 인터넷 검색만 할 것이 아니라, 서점에 가서 기업에 대한 정보를 찾아보거나 그 기업에 직접 찾아가서 사보 (Company Newsletter)라도 읽어 본다면 분명 남들과는 다른 무언가를 얻게 될 것이다.

　또한 인터넷상에서 검색을 하더라도 제대로 된 기업 정보를 얻어야 한다. 개인 블로그에 쓰인 부정확한 정보보다는 기업에서 직접 운영하는 홈페이지를 통해 정확한 정보를 얻으라. 계열사를 가진 그룹의 경우에는 그룹 차원의 홈페이지나 별도의 블로그도 운영하고 있으니 기업에 관한 다양한 정보를 얻을 수 있다.

"기업 정보를 얻을 수 있는 참고할 만한 사이트들"

🖥 전자공시 시스템 다트 : dart.fss.or.kr

주식시장에 상장되어 있는 기업에 대한 정보를 얻을 수 있는 홈페이지다. 기업이 추진하고 있는 계획이나 향후 전망에 대해서 숙지할 수 있다. 이를 통해 무슨 일을 하는 기업인지 포괄적인 흐름을 읽을 수 있다는 장점이 있다.

단점은 주식시장에 상장된 기업 정보만 얻을 수 있다는 점과 구체적인 사업 현안까지는 알 수 없다는 것이다. 한편, 재무제표를 보고 수익 사업의 호황 여부를 알 수 있으나 회계를 전공하지 않은 학생의 경우는 표를 읽는 데 다소 어려움이 있을 수 있다.

🖥 에듀스 : www.educe.co.kr

인적성을 대비하기 위한 모의고사 문제들이나 취업 관련 강의를 들을 때 유용한 사이트다. 실제로 에듀스에서는 인적성 대비를 위한 책도 출간하고 있기 때문에 문제 유형에 대한 파악이 필요한 취업준비생들이 애용하고 있다.

🖥 위포트 : www.weport.co.kr

기업이 현재 추진하고 있는 사업에 대한 상세한 정보를 얻을 수 있는 리포트를 유료로 판매하고 있는 홈페이지다. 항목별로 정리가 잘 되어 있고, 무엇보다 고급 정보를 얻을 수 있다는 장점이 있다. 반면, 돈이 든다는 점과 단시간에 기업을 알기에는 오히려 너무나 방대한 양의 정보들로 인해 핵심을 잘 파악할 수 없다는 단점이 있다.

🖥 **잡이룸 :** www.joberum.com

　얻고 싶은 질문에 대한 답변이 빠르고, PT 전형이나 토론면접에 대비할 수 있는 최신 시사상식 및 기출문제들에 대한 공유가 잘 되어 있는 사이트다. 몇몇 개의 자료는 유료로 제공되지만, 무료 콘텐츠들도 다른 곳에서는 얻을 수 없는 정보들을 알려준다.

🖥 **하이낸스 :** cafe.naver.com/uccplus

　실시간으로 채용 정보 및 뉴스를 얻을 수 있는 곳이며, 타 사이트에는 없는 희소 정보들이 종종 올라온다는 장점이 있다. 반면, 면접 전형과 관련된 콘텐츠의 경우에 개개인들의 욕구를 충분히 충족시켜 주지 못해 이용자들의 만족도가 낮은 편이라는 평이 있다.

🖥 **뱅커스 카페 :** www.bankers24.com

　자기소개서 첨삭에서 최종면접대비 강의에 이르기까지 전형 전체에 대한 체계적인 준비가 가능한 곳으로 정보의 공유 범위가 넓다는 장점이 있다. 그에 반해 금융권을 준비하는 취업준비생들 사이에서 유명한 사이트이다 보니 공유된 후기 내용들이 유사하다는 점과 후기에 대한 맹목적인 신뢰로 인해 본인 스스로 정보를 찾아보려는 의지가 약해질 수 있다는 점이 단점 아닌 단점이다.

🖥 **독취사 :** cafe.naver.com/dokchi, **독금사 :** cafe.naver.com/dokkm

　독취사는 채용 소식을 광범위하게 접할 수 있고, 채용 전형과 관련된 후기 글이 많이 올라온다는 장점이 있다. 다만, 정보의 범위가 광범위하다 보니 상세한 자료를 얻기에는 부족한 점이 단점이라 할 수 있다. 한편, 독금사는 독취사와 비슷하나 금융권을 준비하는 취업준비생들을 위해 특화되어 있는 사이트다. 나는 나중에서야 독금사를 알아서 실제로 사이트를 이용한 기간은 짧았지만, 실시간으로 후기를 올려 주는 사람이 많다는 점이 가장 큰 장점이라 할 수 있다.

　(위 사이트들에 대한 평가는 상업성과 전혀 무관하게 저자의 지극히 주관적인 생각임을 밝힙니다.)

② 취업 첫 번째 관문, 자기소개서

• 연이은 불합격 통보 •

취업 시장에 처음 발을 디뎠을 때는 이메일과 핸드폰 문자 메시지로 줄줄이 날아드는 불합격 통지에도 별다른 두려움이 없었다. '다른 기업에는 합격하겠지'라는 안일한 생각만 갖고 있었기 때문이다. 더욱이 '내가 무엇이 부족한 걸까?', '나의 장점을 제대로 보여 주려면 어떤 이야기를 자기소개서에 적어야 할까?'라는 생각보다는 그저 운이 따라 주지 않았다고 스스로를 위로했다. 그러니 고쳐야 하는 개선점은 고민도 해 보지 않고 매번 똑같은 이력서만 열심히 제출했다.

나는 당시 제출했던 자기소개서와 이력서에 적은 내용들을 분석해 보고 크게 네 가지 이유 때문에 떨어졌음을 알 수 있었다. 다음과 같은 이력서와 자기소개서를 제출하면 합격 소식은 듣기 어렵다는 사실을 명심해야 한다.

첫째, 회사 이름을 타사 이름으로 바꿔도 말이 되는 자기소개서.

이 회사도 쓸 수 있고, 저 회사도 쓸 수 있는 두루뭉술한 서술로 자기소개서를 작성하면 백전백패일 가능성이 높다. 일례로 '열심히 하겠습니다'라는 말을 수없이 적는 것이다. 무엇을 어떤 방법으로 열심히 하겠다는 말은 없고, '인재가 되겠습니다'라는 근거 없는 말만 있다. 이 말 또한 그 기업에서 원하는 인재상이 어떤 것인지 모르고 인재가 되겠다는 말만 늘어놓는 것이다.

이건 마치 장래희망이 뭐냐는 질문에 은행원이 되고 싶다고 대답하고, 은행원이 뭐하는 사람이냐는 질문에 은행에서 일하는 사람이라고 대답하는 것이며, 은행원에서의 10년 후 자신의 모습을 묻는 질문에 오래 일한 은행원이라고 말하는 초등학교 1학년 수준의 답변과 다를 바가 없다.

그렇기 때문에 A기업 자기소개서에 A기업 대신에 B기업의 이름을 넣어도 말이 되는 것이다. 물론 자신의 경험을 기술한 부분은 '나'라는 사람의 경험이기 때문에 동일한 내용일 수도 있다. 하지만 그런 경험 중에서도 자신이 지원하는 기업의 직무에 연관되거나 필요한 경험을 골라 써야 한다.

예를 들어 영업 파트 지원자라면 꼼꼼한 성격을 보여 줄 수 있는 서류 정리 아르바이트 경험을 적기보다는 여름방학 때마다 빵집에서 아르바이트를 했던 경험을 적음으로써 사람을 상대하는 일에 익숙하다는 점을 보여 주는 것이 인사 담당자에게 어필할 수 있다.

둘째, 내 이야기인지 남의 이야기인지 구분이 안 되는 내용.

'보람을 느꼈습니다' 혹은 '깨달았습니다' 등 경험을 통해서 무언가를 성취했다는 문장은 자기소개서에 빈번하게 등장한다. 하루에도 수십만 개의 자기소개서를 읽기에 이런 문장들이 너무 뻔해서 마치 방금 전에 본 것 같은 느낌을 준다면 인사 담당자의 마음은 어떠할까? 이런 문장들을 조금만 바꿔도 인사 담당자들이 지루해하지 않고 그들의 이목을 끌 만한 자기소개서를 작성할 수 있다.

아래 적혀 있는 자기소개서를 통해 자세히 설명해 보겠다. 토익 점수가 900점을 넘는데도 기업으로부터 연이은 서류 탈락의 소식을 들었던 친한 동생이 무엇이 문제인지 모르겠다며 첨삭을 부탁해 온 자기소개서 내용의 일부분이다.

[인간적인 신뢰를 쌓는 행원이 되겠습니다]

2010년 △△사회복지관 〈YES, 공부방〉 프로그램에 참여하여 초등학생들의 학업을 보조하는 봉사활동을 하였습니다. 타인과 공감하는 것을 좋아하고 누구보다 밝고 힘찬 에너지를 가진 저였기에, 타인에게 봉사하는 경험은 설렘 그 자체였습니다. 복지관으로 오는 초등학생들은 부모님이 맞벌이를 하시거나, 편부모 가정이어서 방과 후 갈 곳이 없는 친구들이었습니다. 대학생 봉사자들은 각자 3명의 학생들을 맡아 국어, 영어, 수학을 지도하고 귀가도 함께하게 되었습니다. 저는 친구 같은 대학생 언니, 누나가 되어 아이들이 저를 편하게 대할 수 있도록 노력하였습니다.

이 자기소개서 글이 뻔하고 추상적으로 느껴지는 이유는 무엇일까? 그 이유는 바로 '친구 같은 대학생 언니, 누나가 되어 아이들이 저를 편하게 대할 수 있도록 노력했다'는 부분에 어떤 노력을 어떻게 한 것인지에 대한 내용이 구체적으로 적혀 있지 않기 때문이다.

이 부분에 한 줄을 추가해 보겠다. '초등학교 때 경험을 적은 내 일기장을 다시 읽어 보면서, 그때의 감정과 생각을 되살려 보면서 노력했다'라든지 혹은 '초등학생을 위한 권장도서 3권을 읽으면서 아이들의 생각을 공유하게 함으로써 편하게 대할 수 있는 분위기를 만들었다' 등의 내용을 넣는다면 느낌이 달라진다. '무엇을 했다'가 아니라 '어떻게 했다'를 적어야 오직 나만이 작성할 수 있는 자기소개서가 되는 것이다. 이처럼 '어떻게' 공감했는지가 중요한 것이고, 그 내용이 잘 기술되어 있어야 읽는 사람도 공감할 수 있다.

취업 시즌이 되면 하루 종일 앉아서 자기소개서를 들여다보고 있는 인사 담당자들은 자신의 회사에 간절하게 오고 싶어 쓴 자기소개서인지, 아니면 별다른 생각 없이 다른 회사에 지원했던 내용을 붙여 넣은 것인지 단번에 알아챈다.

간혹 다른 자기소개서에 작성한 내용을 붙여 넣거나 추상적인 내용을 써도 서류 전형에서 합격하는 경우도 있지만, 그것은 자기소개서의 다른 부분이 인사 담당자 눈에 띄었거나, 혹은 뛰어난 이력을 갖고 있는 지원자의 경우일 뿐이다.

다음은 학력이나 가족 관계 혹은 대내외 활동 경험을 한 줄로 적는 이력사항에 대한 이야기다. 다음과 같은 이력사항을 갖고 있다

면, 불합격 확률이 거의 절반 가까이 올라간다.

셋째, '○○치고' 낮은 학점을 갖고 있는 경우.

빈칸에 들어갈 수 있는 말은 얼마든지 만들 수 있다. '여자'치고, '문과생'치고, '복학생'치고 등등. '여자'치고를 예시로 언급한 이유는 주변을 둘러보면 여학생들이 남학생들보다 평균적으로 학점이 높기 때문이다.

얼마나 괜찮은 사람인지 아닌지는 자기소개서 내용을 통해서 평가되기도 하지만, 이를 뒷받침하는 기본적인 이력사항들이 나보다 조금이라도 나은 지원자가 있다면 내가 떨어질 확률이 높아지는 게 취업 시장이다.

원서를 넣을 당시 내 학점은 3.1점이었다. 경제학이라는 학문이 쉽지 않았고, 나중에 이 학문을 어떻게 활용할 것인가에 대한 답을 찾지 못했다. 그래서 1학년 때는 대부분의 학점이 C였다. 물론 2학년이 되면서부터는 금융자격증들을 따면서 경제학이라는 학문 및 금융업이 나와 맞는 건지 생각해 볼 수 있는 계기를 갖게 되었고, 학점도 회복해 가고 있는 시기였다.

학점이 낮으면 서류 합격률이 낮은 이유는 학점이 낮은 만큼 이를 대신할 무언가를 장점으로 적어야 하는데 그러지 못하기 때문이다.

사실 취업에 있어서 학점은 생각보다 중요하지 않다. 단, 이러한 학점은 추후에 면접에 가게 되었을 때 본인에게 어떻게든 영향을 미치게 된다. 학점이 다른 사람들보다 높으면 높은 만큼의 자신감을 갖고 면접장에 갈 수 있다. 반면, 학점이 낮다면 처음부터 불리한 게임이라는 자괴감에 빠질 수 있다.

실제로 나는 이런 부끄러움으로 인해 면접 때 자신감 없는 모습이 겉으로 드러났고, 면접 실패의 요인이 된 적도 있다. 즉, 서류 전형 통과만의 문제가 아니라 그 이후에 취업 전형을 치르는 데 있어서 악영향을 줄 수 있다는 말이다. 그러므로 아직 학점을 올릴 수 있거나, 계절 학기를 들을 수 있는 대학생 취업준비생들은 가능하면 학점을 올리는 것이 좋다. 다른 대외활동을 못할 정도로 학점에만 전념하라는 것이 아니라 적어도 게을리하지 말라는 것이다. 학비 마련을 위해 공부할 시간이 없는 여의치 않은 상황이라면 더도 말고 덜도 말고 주변 친구 10명에게 학점을 물어보고 평균치 수준 정도만이라도 만들어 보라.

넷째, 떨어뜨릴 이유가 없지만 반대로 뽑을 이유도 없는 이력.

대부분의 학생이 적당히 학생회 활동도 하고, 동아리 활동도 하고, 봉사 활동도 했다. '적당히'라고 말한 이유는 전체 학생이 100명이라면 과반수에 가까운 학생들이 했을 만한 이력이기 때문이다. 떨어뜨릴 만한 활동의 이력은 아니지만, 그렇다고 해서 반대로 수많은 지원자가 경험한 학생회 활동을 했다는 사실만을 보고 뽑을 만한 이유도 없는 것이다.

유네스코 단체에서 국제적으로 봉사활동을 했거나 사막 횡단 등 특이한 경험을 갖고 있지 않다면 대부분 학생의 경험은 비슷비슷하다. 더욱이 다른 스펙의 지표들(예를 들면 토익 점수, 학점 등)이 학생회 활동, 동아리 활동 외에는 다른 지원자들보다 눈에 띌 정도로 우수하지 않다면 서류 전형에서의 탈락 확률이 더 높아진다.

나 또한 취업을 시작한 초반에는 서류 합격률이 5퍼센트에도 못 미쳤다. 하지만 이후에 6개월간 보험사 인턴도 하고, 2개월간 은행 계약직 근무도 하고, 두 차례의 공모전 수상 경력이 더해지자 서류 합격률이 40퍼센트 정도로 월등하게 높아졌다.

확실히 남들이 가지지 못한 자신만의 이야기를 만들 수 있는 경험을 하는 것이 무엇보다 중요하다. 이때 말하는 자신만의 이야기는 사막 횡단이나, 세계 일주처럼 비용도 많이 들고 거창한 일을 말하는 게 아니다. 주변에서 할 수 있는 일들이고 조금의 열정과 열의만 있으면 충분히 남들과 다른 방식으로 할 수 있는 일들을 말하는 것이다. 하루도 빼놓지 않고 쓴 일기라든지, 봉사활동 인증서가 나오지 않는 서울역 무료급식 봉사활동 2년 등을 그 예로 들 수 있다.

앞서 말한 4가지 중 한 가지라도 제대로 갖추지 못했던 2011년, 나는 9개 기업의 신입사원 공개 채용에서 모두 떨어졌다. 떨어지고 나서도 전혀 낙심하지 않았다. '이상하게 자꾸 떨어지네'라는 생각은 했지만, '다음에는 붙겠지'라고 막연한 희망만 갖고 있었다. 이와 같은 긍정적인 사고는 길어진 취업을 버틸 수 있었던 버팀목이기도 했지만, 반대로 취업이 길어진 결정적인 이유이기도 하다.

사실 '누구나 겪는 높은 취업 문턱 때문이겠지'라는 생각에 초조함이 덜했고, 여유롭게 4학년 2학기를 기다릴 수 있었다. 그런 생각으로 상반기에서 하반기로 넘어가기 전에 가벼운 마음으로 이력서를 제출했던 기업이 앞에서 이야기했던 기업이자, oxxxo@n****.com 계정으로 면접 전형에 불합격 통지를 받은 D증권사 인턴 직무였다.

·공채가 어렵다면 주저 말고 인턴을 노려라·

대부분의 학생이 3·4학년에는 인턴을 지원하다가 졸업을 앞두고 있는 마지막 학기에는 인턴을 지원하지 않는다. 물론 일부 기업의 경우는 인턴을 지원할 수 있는 나이와 학년 제한이 있기도 하지만, 그런 제한이 없는 인턴 모집공고를 봐도 '이제는 정규직에 지원할 나이다', '그간 많이 지원해 봐서 인턴직에 지원을 해도 또 떨어질 것이다' 등등의 나름의 여러 가지 이유로 지원하지 않는다.

그러나 공채에서 합격 소식이 들리지 않는다면, 4학년 마지막 학기라도 인턴에 지원해 보기를 권한다. 조직 생활을 해 봤다는 경험 자체가 추후 신입사원이 되었을 때 큰 자산이 된다. 나 역시 4학년 마지막 학기에 인턴을 했고, 추후에 합격한 기업의 인사 담당자들이 가장 많이 물었던 질문이 바로 인턴 때의 경험에 대한 이야기였다. 사회생활을 조금이라도 해 본 지원자에 대해서는 인사 담당자들이 어느 정도 호의를 갖기 마련이다.

강의실에서 배우는 내용만으로는 알 수 없는 직장이라는 조직에서 생활하는 태도를 인턴을 하면서 배울 수 있다. 그러므로 기업의 입장에서는 인턴 경험을 통해 기업의 구성원으로서의 기초 자세를 배웠다고 판단한다.

2011년 상반기 9개의 기업에서 불합격 소식을 들은 후 유일하게 D증권으로부터 합격 소식(서류 전형)을 듣게 된 이유는 앞서 9개의 기업의 자기소개서를 작성해 봤기 때문에 단기간에 작문 솜씨가 늘어서가 아니다. 그 이유는 인턴 공고에 지원서를 넣었다는 점, 즉 공채보다는 학점 등의 스펙을 덜 본다는 점과 타 기업과는 차이가 있는 다소 독특한 자기소개서 질문들 덕분에 나 또한 그동안 썼던 획일적인 자기소개서 내용이 아니라 독특한 질문들에 내 나름의 생각과 경험을 풀어서 쓴 자기소개서를 작성해 지원했기 때문이다.

기억나는 질문 중 하나는 현재 방영되고 있는 D증권 광고를 보고 느낀 점과 기업에 대한 새로운 이미지를 담아낼 수 있는 광고에 대해 적으라는 것이었다. 즉, 기존에 작성해 두었던 자기소개서의 내용을 복사해서 붙여넣기를 할 수 없었고, 기업에 대해 알아야 몇 글자라도 작성할 수 있는 질문들이었다. 자연스레 D증권에만 적을 수 있는 자기소개서 내용으로 가득한 'D증권을 위한 이력서'를 제출했다.

또한 그 당시는 상반기가 끝난 때여서 하반기 공채를 준비해야겠다는 홀가분한 마음 상태였다. 그래서 꼭 붙어야 한다는 마음으로 억지스럽게 적어 내려간 딱딱한 문체가 아니라, 읽는 사람이 편하고 자연스럽게 읽어 내려갈 수 있도록 쓸 수 있었다. 이 때문에 인사 담당자들의 마음에 와 닿을 수 있는 자기소개서를 적을 수 있었다.

또 다른 인턴 지원서 질문 중 하나는 D증권 하면 제일 먼저 떠오르는 이미지를 쓰라는 것이었다. 나는 이 질문에 답하기 위해서 기업 뉴스를 찾아보고, 광고를 1초부터 15초까지 0.1초도 놓치지 않고 몰입해서 봤다. 주변 친구들에게도 어떤 이미지가 떠오르는지 물어봤던 기억이 난다. 이 방법은 추후 타 기업의 자기소개서 항목을 작성하는 데도 큰 도움이 되었다. 인턴도 마지막까지 성의를 다해 지원해야 또 다른 기회가 기다리고 있을지도 모른다.

③ 취업준비생들이 궁금해 하는 질문들

• **졸업 유예자는 취업에서 불리한가?** •

강의를 모두 이수했다고 생각했던 마지막 학기가 끝났을 때, 나는 졸업자가 아니라 졸업 유예자가 되었다. 즉, 본래 대학 과정인 8차 학기(4년 과정)는 모두 마쳤지만 9차 이상을 듣는 상황이 된 것이다.

졸업을 위해 제출해야 하는 공인 어학점수인 토익 점수가 부족했기 때문이다. 할 수 없이 졸업을 미루고, 9차 학기를 신청해서 2학점의 영어 강의를 더 들어야 했다. 자동으로 졸업을 미룬 '대학생 신분'을 유지한 상태로 하반기에 다시 도전했다. 결과는 G편의점 공채, D보험사 인턴, H저축은행 공채 순서로 세 개의 기업에서 서류 합격 통보를 받았다.

우선, 취업준비생이라면 한 번쯤 고민했을 졸업 미루기에 대해 이야기해 보자. 실제로 주변의 후배들도 졸업을 해야 하냐고 묻는다. 그때마다 나는 "그건 중요하지 않다"라고 대답했다. 실제로 이 질문은 나도 W은행 인사팀에서 연말 정산 아르바이트를 할 때 인사 담당자에게 물었던 적이 있다. 나는 곧 졸업을 앞두고 있었기에 채용에 졸업자와 유예자가 차별이 있는지 물어보았다.

"그건 전혀 문제가 되지 않는다. 다만 아무것도 하지 않은 공백기가 없어야 한다"라는 대답을 들었다. 학생의 신분이지만 졸업을 미룬 유예자라고 이력서에 적으면 인사 담당자들은 부족했던 과목을 다시 이수하기 위해 기다리고 있거나, 남아 있는 등록금을 갚기 위해 학교에서 일하고 있는 등 수백 가지 이유를 충분히 떠올릴 수 있다. 즉, 대학생의 신분이라면 실제로 어떤 일을 하고 있는지에 상관없이 학생으로서의 의무를 다한다고 생각하는 것이다.

반면, 이미 졸업을 했다면 무엇을 하고 있는지 증빙해야 하고, 그 부분을 인사 담당자들도 분명 궁금해한다. 이렇듯 인사 담당자들이 확인하고 싶은 점은 여전히 학생인지 아닌지가 아니라, '지원자가 지금 무엇을 하면서 어떤 생각을 갖고 생활하고 있는가' 하는 것이다. 그러므로 졸업자든 유예자든 지금 하고 있는 일에 충실하면 되는 것이다.

때문에 졸업 후에 마땅히 할 것을 찾지 못한 상황이라면, 졸업유예자 신분으로 남는 편이 낫다. 하지만 졸업 후 단기 계약직으로라도 일할 예정이라면 공백기가 없을 것이니 졸업을 해도 괜찮다. 졸업 문제를 두고 고민할 필요는 없다. 중요한 점은 취업을 하기 전까지 무엇을 할 것인지를 먼저 떠올리고, 아무것도 하지 않는 공백기만 만들지 않으면 된다.

졸업을 앞둔 시점, 기업 인턴에 뽑혔는데 가야할까요?

앞서 말했던 D보험사에서 합격 통보를 받고 6개월간 인턴인 줄 알고 임했던 과정은 명목상 보험설계사가 되는 교육이었다. 물론 처음 3개월간은 어디서도 배울 수 없는 금융지식을 얻었고 자격증도 딸 수 있었다. 이러한 장점도 있었고, 보험설계사가 되기 위한 교육이라는 사실을 인턴 과정 중간에 알게 되었지만, 시작한 김에 끝까지 해 보자는 생각으로 6개월 과정을 마쳤다.

6개월 과정을 마치고 나니 사실 허무하다는 생각이 들었다. '처음부터 보험설계사가 되기 위한 인턴 과정이었다는 사실을 알았으면 안했을 텐데'라는 후회도 했다. 하지만 돌이켜 생각해 보면, 그 6개월 동안의 인턴 경험으로 인해 서류 합격률이 거의 90퍼센트 가까이 올라갔다. 그래서 만약 그때로 다시 돌아가더라도 보험설계사 인턴을 다시 할 것이다. 만약 공채를 계속 지원해도 합격 소식이 들리지 않는다면 잠시 인턴을 하면서 숨을 돌리고 경험을 쌓는 것도 취업 전략의 한 방법이다.

이전의 면접 탈락으로 단단히 준비를 한 덕분에 이번에는 D보험사 인턴 면접에서 주어진 질문에 모두 제대로 대답할 수 있었다. 그러나 이전에 면접에서 탈락했던 순간이 떠오르며 무척이나 떨렸다.

"저는 그렇게 하알하알하알 거엇거엇거엇 입니다아다아다아."

나는 너무 떨려서 거의 바이브레이션 수준으로 대답을 했다. 아무튼 그날은 너무 우울해서 집에서 잠만 잤는데, 다행히도 일주일 뒤에 합격 통보를 받았고, 연수를 받은 뒤 6개월간 D보험사에서 인턴 생활을 시작했다.

S생명, H생명 등도 D보험사처럼 보험설계사 인턴을 뽑고 있는 것으로 알고 있다. 그 과정은 조금씩 다르겠지만 넓게 봤을 때는 같은 교육 과정을 들을 것이다. 처음 3개월간은 본사에서 교육을 받았다. 유명한 밀리언셀러 중고차 딜러나 희망전도사 등 영업에 도움이 될 만한 강사들의 강의를 일주일에 한 번씩 들었다. 또 은행과 증권사, 저축은행을 방문한 뒤에 지점에서 현재 판매되고 있는 상품에 대해 정리해서 발표했다.

이후에는 직접 지점에서 재무설계사로 활동했다. 이름은 재무설계사였지만 사실상 보험 판매가 주요 업무였다. 보험 상품을 위주로 고객들을 직접 찾아서 상품을 소개하고, 고객이 갖고 있는 돈에 대해 소액의 자금 관리를 도와주는 일이었다. 또 인턴 과정 중에 증권사 상품과 생명, 손해 보험 상품을 두 건씩 판매해야 하는 임무도 있었다. 만약 팔지 못하면 중간에 인턴을 나가야 하는 상황이었기 때문에 상당한 스트레스를 받은 것이 사실이다.

그 당시에는 대다수가 취업을 하지 못해서 인턴이라도 해야겠다는 생각으로 지원했던 취업준비생들이었기에 다들 인턴 과정 중간에 잘리면 어쩌나 하고 걱정을 많이 했다. 사실 인턴을 하는 우리 모두 상당한 스트레스를 받았다. 심지어 내가 속했던 1기 다음 기수인 2기로 뽑힌 인턴생 중 한 명이 자살했다는 기사가 신문에 실렸었다. 자살 이유가 영업 압박 때문인지는 정확히 알 수 없지만, 이유야 어찌되었든 간에 인턴을 하게 된다면 실제로 어떤 기업인지와 어떤 일을 하는지 알고 시작하는 것이 좋다.

취업준비생들에게 말도 많고 탈도 많은 보험설계사 인턴 또한 개인의 의지나 궁극적으로 입사하고자 하는 기업이 어디인지에 따라 다를 것이다. 고객을 만들어 영업을 할 자신이 있다면 해도 나쁘지 않다고 생각한다. 그러나 정신력이 강하다고 칭찬받던 나도 상당한 스트레스에 시달렸던 것이 사실이다. 하지만 일부 동기들은 가족과 친척들, 주변 친구들에게 말해서 보험영업 실적을 올리고 순조롭게 인턴 과정을 마쳤다. 그러므로 자신이 어떻게 하느냐에 따라 그 과정의 힘든 강도는 달라질 것이다.

취업 관련 자료를 공유하는 사이트에 들어가 보면, 기업 인턴을 해야 할지 정규직을 해야 할지를 두고 고민하는 사람들이 상당히 많다. 상대적으로 학점도 높고 토익 점수도 높지만, 서류 합격률이 저조하다고 생각된다면 인턴 등의 실무 경험을 반드시 해 보길 권한다.

만약 지금 인턴을 하다가 중간에 어떻게 그만두어야 할지 모르겠다는 생각이 들어 인턴 전형에 이력서를 넣는 것을 꺼리는 취업준비생이라면, 일단은 인턴에 붙고 나서 결정하기를 권한다. 전형 과정 중에 인사 담당자들과 이야기를 나누다 보면 어떤 일을 하는지 알게 되고, 오히려 인턴 전형을 하고 싶다고 생각이 바뀌는 경우도 있다.

사실 요즘은 인턴 전형도 경쟁률이 매우 높다. 그래서 인턴 전형에서 서류 합격조차도 쉽지 않다고 고민하는 사람이 있다면, 계약직 직원으로 원서를 넣거나 그도 어렵다면 관련 직종에서 아르바이트를 하는 것도 하나의 방법이다.

농협과 새마을금고의 경우에는 수시로 계약직으로 일할 사원을 뽑고 있다. 또한 일부 대기업이나 은행도 홈페이지에 아르바이트 채용 정보가 수시로 올라온다. 인원이 적고, 접수 기간도 짧기 때문에 관심 있는 기업 홈페이지에는 반드시 하루에 한 번씩 방문해서 현재 진행 중인 채용 공고가 있는지 확인해 볼 필요가 있다.

기회가 된다면, 정규직 공채 시즌이 시작되기 전에 계약직이나 단기 아르바이트를 찾아서 일해 보는 것이 좋다. 보통 공채가 3월과 9월에 한 번씩 시작하기 때문에 12~2월이나 6~8월을 위주로 일하면 공채는 따로 쓸 수 있고, 공채가 뜨지 않는 시간 동안 일을 하고 나서 공채 시즌이 시작되면 이력서에 경험으로 적어서 제출할 수 있기에 효율적이다.

이는 이력서에 한 줄이라도 더 쓰기 위한 것이 아니라 기업 문화를 접하고, 조직이 어떻게 돌아가는지를 안다면 면접장에서 다른 지원자들보다 유리하기 때문이다. 또한 자신이 어떤 직무와 궁합이 맞는지 알 수 있는 경험을 할 수 있다.

　나 역시 은행에서 계약직으로 근무하면서 은행 사무 지원 시스템 전반에 대해서 배울 수 있었다. 그래서 나중에 면접장에 가서도 질문을 받으면 추상적인 답변이 아니라 그때의 경험을 바탕으로 실제적이고 구체적인 답변을 할 수 있었다.

④ 성공과 실패는 모두 인생의 한 부분이다

• 마지막까지 최선을 다해야 하는 이유 •

인턴 과정을 시작한 지 3개월이 지났을 때부터 상반기 공채 준비를 동시에 했다. 그리고 드디어 D증권사 공채와 H은행에서 서류 합격 소식을 듣게 되었다. 사실 합격했을 당시에는 무덤덤했다. 이때까지만 해도 '기업들이 이제야 나를 알아보는구나'라는 자만심을 품고 있었기 때문이다.

하지만 실상은 기업이 나 같은 지원자를 그제서야 알아본 것이 아니라, 내가 금융권에서 바라는 인재상에 전보다 가까워졌기에 합격 소식을 들을 수 있었던 것이다. 경제학 심화 전공을 했고, 금융 관련 자격증 8개를 소지한 것에 더해 금융권 인턴 경험이 있었던 점을 자기소개서에서 충분히 어필했던 것이다.

두 개 기업 모두 오프라인 인적성 시험을 통과하면서 1차 면접의 기회를 얻게 되었다. H은행의 경우 대부분의 은행이 그렇듯 1차 면접에서 12시간 내내 다양한 테스트를 한다. 상대적으로 자신이 있었던 PT면접(정해진 시간 내 주어진 주제에 대해 자신의 의견을 발표하는 면접)과 게임면접(타 지원자들과 팀을 이루어 게임을 진행하면서 게임 중에 자연스레 나오는 지원자들의 성격을 파악하기 위한 면접)이 진행되었고, 좋은 점수를 얻어 마지막 2차 최종 면접 기회도 얻을 수 있었다.

H은행 1차 인성면접 전형에서는 이런 질문을 받았다.

"외소해 보이는데 체력관리는 어떻게 하세요?"

같이 면접을 봤던 6명의 지원자 중에도 또 한 명의 여성 지원자가 있었는데, 우리 둘에게 공통으로 한 질문이었다. 지방에서 올라와 사투리를 쓰던 그 지원자는 "삼시 세끼는 꼭 챙겨 묵습니더"라는 구수한 표현으로 밥을 잘 챙겨 먹는다고 답했다. 나는 똑같이 답변하면 안 될 것 같은 생각이 들어 '드럼 연주'를 통해 체력을 키운다고 대답했다. 다행히 이것이 면접관들에게 평범하지 않은 지원자라는 인상을 심어 주었다. 그리고 마지막에 공통 질문으로 하고 싶은 말이 있냐고 물었다.

나는 D보험사 인턴을 하면서 상품을 팔기 위해 수도 없이 설명하는 과정을 통해 자연스럽게 판매 능력이 향상되었는데, 친구와 면접 스터디를 하던 도중에 내가 하는 상품 설명을 듣고 친구가 꼭 면접장에서 말하라고 했던 기억이 떠올랐다. 그래서 사전에 한 은행 상품을 고객에게 설명하듯이 면접관에게 이야기하는 연습을 했고, 실제 면접에서도 사용할 수 있었다. 면접관은 "오~ 고객이 안 살 수가 없겠는데?"라며 칭찬을 아끼지 않았다.

그렇게 면접을 보고 나오는데 같이 면접을 봤던 지원자들이 꼭 합격할 거라고 말했다. 그리고 정말로 일주일 후에 합격 통지를 받았다. 그렇게 1차 면접에 합격하고 마지막 관문인 2차 인성면접을 보게 되었다.

그런데 2차 면접을 준비하면서 자만심에 빠지고 말았다. 주변 사람들이 모두 "그래 넌 될 줄 알았어. 당연히 될 거라니까"라고 격려해 주자 '그래, 내가 될 줄 알았지'라는 생각과 최종 관문은 옆 사람보다만 잘하면 된다는 착각에 빠져든 것이다. 결국 면접장에 아무런 준비도 없이 간 나는 다른 지원자들의 대답에 스스로 위축되어 버렸다.

면접관은 나에게 "인턴하셨는데? 왜 하신거예요?"라고 질문을 했고, 나는 온갖 생각이 다 들었다. 기존에 했던 인턴이 실은 처음에는 어떤 업무를 하는지조차 모르고 했다가 나중에서야 알게 되었기 때문이다. "그냥 했다"고 해야 하나, 아니면 "알고 했다"고 해야 하나 고민하다가 면접관과 소통을 하지 못하는 결과에 이르렀다.

"엄밀히 따져서 채용 전제형 인턴으로 알고 시작했지만, '추후 기업에서 조건을 변경하여 6개월간 인턴직을 더 해야만 정규직 채용 기회를 주겠다'라고 했다"고 말하면 그만인데, 면접을 준비하지 않왔던 나는 엉뚱하게도 "정규직 채용 기회를 잡았지만, 은행에 왔다"라고 대답했다. 더욱이 아무런 부연 설명도 없이 매우 불안한 표정으로 말했다. 면접장을 나오는 순간 떨어질 것이라고 예감했다. 결국 일주일 뒤 최종 면접에서 탈락했음을 알았다. 자만과 준비하지 않은 불성실함 그리고 당당하지 못한 태도가 최종 전형 단계에서 탈락이라는 참사를 불러온 것이다.

돌이켜보면 이때가 정신적으로 가장 힘들었던 순간이었다. '다시는 못할 것 같다'는 생각보다는 '조금만 더 했으면 취업 할 수 있었는데'라는 생각이 하루에도 수십 번씩 들어 괴로움에 몸부림치다가 다음 날 낮 1시가 되어서야 잠자리에서 일어났다. 정말 시간을 돌이키고 싶은 생각을 잊기 위해서 애쓰고 또 애썼다. 한 번은 면접 기회를 얻은 적이 없었던 대학 동기에게 다음과 같은 말을 들은 적이 있다. "넌 면접도 보고 최종 전형까지 가 보기라도 했지. 난 아예 서류 통과가 안돼……."

취업의 가장 좋은 케이스는 서류 합격률이 높은 게 아니다. 한 기업에서만 서류 합격이 되더라도 그 길로 한 번에 최종 합격까지 하는 것이다. 그렇지 않으면 기존에 떨어졌던 면접이나 인적성에서 트라우마가 생겨 버린다. 특히 나처럼 마지막 단계를 앞두고 탈락하게 된다면, 심적으로 부담이 생기게 된다. 이를 극복하려면 두 배의 평

한 번을 하더라도 스트레이트로 붙는 것이 최상의 길. 순간순간 최선을 다하자!

정심이 필요하다. 그러니 혹시라도 서류 합격이 잘 되지 않아 걱정인 사람은 자신만의 장점이 있기에 오히려 긍정적으로 받아들이는 편이 좋다. 더욱이 몸이 열 개도 아니니 결국 갈 수 있는 곳은 한 곳 뿐이다. 그리고 한 기업의 최종 면접 통과까지 최선을 다해야 한다.

H은행 불합격 소식을 전할 때마다 '당연히 합격할 줄 알았는데'라는 주위의 반응 때문에 최종 관문 탈락은 더더욱 나를 괴롭혔다. 하지만 이런 심적 상태에서도 5일 뒤에 AFPK 시험을 치러야 해서 마음을 다잡고 준비를 해야 했다. 하지만 정신적으로 무너져 있었던 터라 시험장으로 가는 도중에 신분증을 잃어버렸고, 마침내 면접장까지 갔지만 결국 1교시 시험을 보지 못했다. 다행히 신분증 하나는 언니가 늘 보관하기 때문에 2교시 시험에는 들어갈 수 있었다.

결과적으로 2교시 시험은 합격했다. 그동안 면접을 준비하면서 자격증 공부도 했고, 면접 불합격 통보를 받고 5일간 꾹꾹 참으며 공부를 했기 때문이다. 하지만 신분증을 잃어버리지 않았다면 1차도 합격했을지 모른다. 결국 다음번 AFPK 시험을 기약해야 했다.

그런데 아이러니하게도 오히려 이런 상황에 처하자 정신적으로 더욱 강해졌다. 생활 습관도 더욱 개선되었다. 그렇게 후회와 반성을 번갈아 하며 하루하루를 보내는 동안 자신감이 조금씩 돌아왔고 한 모교 선배를 만나게 되었다.

이 선배는 W은행 입행 이후 꾸준히 학교 홈페이지에 자신의 취업 이야기를 올렸는데, 3.1이라는 학점과 700점의 토익 점수로 졸업 1년 만에 은행에 합격하고 후배들에게 늘 희망을 가지라고 격려와 조언을 아끼지 않는 선배였다. 학과 친구를 통해 이 선배의 연락처를 알게 되었고, 직접 만나봐야겠다고 생각해 용기를 내서 연락을 했다. 나는 일주일 뒤 학교 커피숍에서 그 선배를 만나게 되었다.

선배는 자신이 취업하는 데 도움이 되었다는 면접 대비 서적과 취업 관련 자료가 담긴 USB를 선물로 주고 힘내라며 커피도 사 주었다. 무엇보다 취업이 안 되었던 1년간 어떻게 지냈는지, 단계별로 어떻게 준비했는지의 본인의 경험담을 상세하게 들려주었다. 그 선배 덕분에 다시금 힘을 낼 수 있는 용기를 얻었고, 이후로 더 힘차게 취업 시장에 뛰어들 수 있었다.

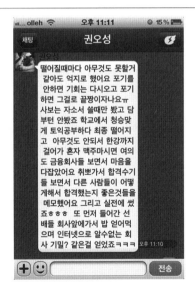

＊취뽀 : 취업뽀개기(Cafe.daum.net/breakjob)라는 인터넷 취업 카페

그 당시 다음과 같은 장문의 메시지도 보내주었는데, 내가 힘을 받은 것처럼 여러분도 핸드폰으로 찍어 두고 포기하고 싶을 때마다 한 번씩 보고 힘을 얻기를 바란다.

• 지금 힘들다면 더 잘되기 위한 과정일 뿐이다 •

취업이 길어지면 길어질수록 기간에 비례해서 불안감은 높아지고, 자신감은 급격히 줄어든다. 9차 학기를 신청해 졸업 유예 신분으로 대학 강의를 들으며 취업을 준비했을 때에도 그랬고, H은행 최종 관문에서 불합격했을 때에도 그랬다.

이러한 불안정한 시기에는 자신감을 잃는 만큼 상당히 이기적으로 변하는 시기이기도 하다. 평소와 다르게 불평을 더 토로하게 되고, 남은 그렇지 않은데 괜히 주변 사람들이 예전처럼 나를 대하지 않는다고 생각하기 쉽다.

내 경우에는 H은행 최종 면접에서 탈락한 시기에 남자 친구에게도 이별 통보를 받았다. 내 감정이 힘들어지자 옆에 있는 사람의 모든 행동을 오해하게 되고, 작은 일에도 토라지고 서운해하는 모습을 보이며 상대방을 힘들게 했다. 그러므로 힘든 시기에 나에게 힘이 되는 주변 사람들을 내치지 않고 자신이 계속 의지할 수 있도록 하기 위해서는 누구보다 자기 자신을 사랑할 수 있어야 한다고 생각한다. 나는 이별이 계기가 되어 오히려 나 자신을 돌아보고, 나 자신을 소중한 사람이라고 다독이면서 더욱 알찬 생활을 할 수 있었다.

최악의 상황을 어떻게 극복하느냐는 마음먹기에 달려 있다는 말은 진부하게 들리지만 정말로 그렇다. 나 또한 같은 상황에서도 좌절에 빠져 헤맬 때와 정신을 차리고 마음을 다잡고 앞으로 나아갈 때 결과는 확연하게 달라짐을 경험했다. 만약 지금 취업, 혹은 학점 그리고 삶의 방향을 놓고 좌절하고 방황하고 있더라도 오히려 앞으로 더 좋은 기회가 올 것임을 믿고 다시 일어나 앞으로 나아가라. 결국 3년을 헤매다 준공기업에 다니고 있는 나는 그 3년이 이곳에 오기 위한 하나의 과정이었다고 생각한다. 그리고 그 과정은 정말로 많은 것을 배우고 얻은 보석 같은 인생경험이었다. 그러므로 중요한 점은 성공하는 그날까지 쉬지 않고 노력해야 한다는 것이다.

나는 혼자서 도저히 긍정적인 생각을 하기 힘들 때면 선배들을 찾았다. 문자나 전화로 조언을 많이 듣고, 친한 선배는 직접 찾아가 도움을 청했다. 오랜 시간 취업을 준비한 선배들의 이야기를 들어 보면 한결같이 자신이 안 될 거라는 생각은 한 번도 해 본 적이 없다고 말했다. 단지 다른 사람들보다 길어질 뿐이고, 내가 부족한 게 아니라 기업에서 원하는 인재가 아닐 뿐이니 널 필요로 하고 원하는 기업이 분명 있을 거라고 격려해 주었다. 나는 그러한 좋은 말들을 내 머릿속에 새기고 안 되는 게 아니라 단지 늦어진다는 생각으로 스스로를 격려하면서 가장 힘든 시간을 버텨 냈다. 또 너무 힘들 때는 여의도 공원에 가서 이어폰으로 큰 소리로 노래를 틀어 놓고 어두워질 때까지 울기도 하고, 지인들에게 전화를 걸어 한탄하기도 했다. 다이어리에 답답한 마음을 다 적어 보기도 하고, 미친 듯이 다시 이력서를 넣어 보기도 하면서 내 나름의 생존방식을 찾았다.

무엇보다 절대 포기하지 말자고 다짐하며 비관적인 생각을 갖지 않았던 게 다시 힘을 얻을 수 있었던 이유였다. 학교나 학점은 자신을 판단하는 잣대가 될 수 없다. 그리고 그러한 수치 하나로 타인을 비하할 자격도 우리에게는 없다. 모두가 나름의 장점이 있고, 누가 이러한 장점을 더 살려서 보여 줄 수 있는지가 중요할 뿐이다.

취업을 준비하다가 우연히 '스타 특강' 프로에 나온 배우 박신양 씨의 강연을 들은 적이 있다.

"인생 전체를 100으로 두고 봤을 때 30은 좋은 일, 70은 힘든 일이라고 합니다. 이는 제가 가장 좋아하는 러시아 시 구절 중에 있는 말입니다. 왜 자신의 인생은 안 힘들어야 한다고 생각합니까?"

그의 말처럼 왜 인생이 즐거워야만 하는가? 70의 힘든 일도 결국 우리 인생의 일부분인데 그 시기도 감싸 안고 내 인생이라고 받아들일 자세가 되어 있다면, 지금의 힘든 시기도 분명 버텨 낼 수 있다. 한번 이렇게 말해 보라. "이 모든 것은 지나가리라!"

미래에 대한 확신이 섰다면, 고민을 멈추고 이제 앞만 보고 달릴 시간이다.

⑤ 어떤 일을 하면서 살고 싶으신가요?

• 합격 결과에 따라 달라지는 장래희망 •

졸업 학점은 모두 채웠지만, 졸업 논문은 내지 않아 학업 수료생으로 2012년 하반기를 맞이했다. 금융권에 초점을 맞춰서 준비했음에도 2012년 하반기에 금융권에서는 단 한 군데에서도 합격 통보를 받지 못했다.

하지만 E기업, G기업, A백화점, U기업 이렇게 네 개 기업에서는 합격 소식을 들었고, 모두 패션유통산업이었다. 정확한 이유는 모르겠지만 평소 패션에 관심이 있어서 그것이 자기소개서를 작성할 때도 스며들었기 때문일 것이다.

금융 업종은 내가 가진 자격증과 전공 학과 때문에 합격할 확률이 상대적으로 높았던 반면, 패션 유통은 관심이 있던 분야였다. 때문에 패션 기업의 자기소개서를 쓸 때면 매번 새로웠고, 쓰기 싫다는 마음보다는 설레는 감정이 앞섰다. 그리고 그러한 마음이 자기소개서를 읽는 인사 담당자들에게도 전해졌는지 타 업종에 비해 합격률이 상당히 높았다.

그렇게 금융 업종에는 합격이 안 되고, 패션 업종에서 더 많은 합격 통지를 받자 '내게 맞는 기업은 역시 패션 업종이지'라는 생각이 들기 시작했다. 단순히 자기 합리화를 하고 있는 것인지 몰라 확신이 서지 않았고, 취업 준비를 하면서 취득한 금융자격증이 있음에도 금융권을 포기해야 하는 것인지 고민에 고민을 거듭했다.

이는 어느 기업에 붙을 확률이 높은지를 계산하는 것을 벗어나 10년 후 내가 무슨 일을 하고 싶은지에 대해 진지하게 고민해 보는 계기가 되었다. 나는 취업 준비를 하면서 단 한 번도 왜 이 기업에 가야 하고 어떤 일을 오래 하고 싶은지에 대한 깊은 성찰을 해 본 적이 없다는 사실을 취업 준비를 시작한 지 2년이 넘어서야 깨닫게 된 것이다.

이는 대단히 중요한 문제이기도 하다. 취업 준비를 하면서 '다른 사람들이 가고 싶어 하는 기업이니까 나도 쓰자'라는 마음인지 아니면 '아무도 모르는 기업이지만 간절히 가고 싶은 곳이기에 꼭 이력서를 넣어야지'라고 생각하고 있는지 곰곰이 생각해 보라.

금융업이 아닌 의류업에서 가장 먼저 합격했던 곳은 E기업이었

당신은 어떤 기준으로 회사를 선택하나요?
정말로 하고 싶은 일을 생각해 본 적이 있나요?

다. 금융권만을 바라보다가 갑자기 붙은 기업이기에 오히려 당황스
럽기도 했지만, 평소 디자인 계열에 대한 관심이 있었기에 놓치고
싶지 않다는 간절함으로 다음 전형을 준비했다.

대학 동기도 같은 전형에 붙어서 함께 준비하기로 했지만, 며칠
후 친구는 토익 공부를 병행하기가 힘들다며 혼자 준비하겠다고 했
다. 그 당시 친구가 토익 점수를 만들기 위해 얼마나 노력하는지 잘
알고 있었기에 함께 인적성을 준비하자고 강요할 수는 없었다.

그래서 혼자 서점에 가서 하루 1회 분씩이라도 반드시 인적성 검

사 유형을 풀어 보았다. 서점에서 풀었던 이유는 부모님께 매번 인적성 책을 살 돈을 달라고 손을 내밀기에 죄송한 마음이 들었기 때문이다. 더욱이 한 번 보고 안 볼 책을 산다는 것 자체가 취업준비생이었던 나에게는 경제적으로 매우 큰 부담이 되었다. 그래서 서점에 하루 종일 앉아 인적성 책을 보았다.

문제집에 직접 풀 수 없기 때문에 연습장에 풀어 보았고, 채점을 해서 틀린 문제는 2~3번씩 풀어 보았다. 그런 노력 덕분인지 서류전형에 함께 붙었던 친한 대학 동기를 포함한 주변 친구들 중에서 유일하게 인적성 전형도 합격하게 되었다. 이는 아마도 지원자들이 상대적으로 인적성 준비를 소홀히 하는 것도 작용했을 것이다. 중요한 사실은 인적성 검사도 준비를 안 하면 떨어질 확률이 상당히 크다는 것이다.

인적성 전형 합격 통보를 받은 뒤 1차 면접 준비를 위해 스터디 조원을 모집했다. 최종적으로 6명의 사람과 함께 스터디를 하게 되었고, 2주간 여섯 번의 스터디를 했다. 시간도 얼마 남지 않은 상태였고, 인성면접으로만 1차 전형이 진행되었기 때문에 인성면접만 준비했다.

E기업은 유통기업이기 때문에 제품을 해외로 수출하는 것과 관련된 뉴스 기사나 책들을 찾아서 정보를 모았다. 또한 유통망, 기업 규모 등 카테고리별로 스터디 조원 각자가 담당한 내용을 정리한 뒤 정보를 공유했다. 스터디는 다른 취업준비생들과의 대화를 통해서 인성 모의면접을 서로 진행해 볼 수 있는 점도 좋지만, 인성면접

이 얼마 남지 않았을 때 다량의 정보를 효율적으로 모으기에 매우 유용하다.

갑작스런 합격에 더욱 간절해서였는지 그동안 해 오던 스터디 중에서 가장 열의를 갖고 임했다. 하지만 결론부터 말하자면, 2주간의 노력이 물거품이 되었다. 즉, 인성면접 불합격 소식을 듣게 된 것이다. 탈락 소식에 또 한 번 힘든 시기를 보냈지만, 이 기회를 통해서 내가 진짜 원하는 기업이 어떤 곳인지에 대해 고민해 볼 수 있었다. 이런 고민조차 없었다면 영영 취업할 수 없었을지도 모르겠다.

• 가슴이 원하는 곳, 그것이 취업의 정답이다 •

2주 동안 총 여섯 번에 걸친 스터디를 마치고 드디어 면접 바로 전날이 되었다. 합격 소식을 알려주는 면접 메일이 왔을 때 다른 기업과는 한 가지 다른 점이 있었다. 바로 면접 복장이 '자유'라는 것이었다. 보통 '정장 착용'이라는 내용이 명시되어 있는 타 회사와 달리 패션 회사인 관계로 지원자들의 옷 입는 센스를 보려고 한 것이다.

패션 회사에 처음으로 붙었기에 '자유 복장'라는 의미가 어느 정도 내에서 허용되는지 판단이 서질 않았다. 비록 자유라고 하지만 지원자들이 어느 정도 격식을 차릴 것이라 생각했다. 나는 면접날 연한 베이지색 블라우스에 바지를 입고 세미 정장 스타일로 면접장

에 갔다. 그런데 다소 가라앉는 색상의 연베이지 블라우스를 입고
간 나와는 달리 다른 지원자들은 저마다 열심히 개성을 표현하고
있었다.

상의는 주황색 니트에 청바지를 입고 빨간색 캔버스화를 신고 온
지원자도 있었고, 손수건을 목에 둘러 패션 센스를 한껏 뽐낸 지원
자도 있었다. 이렇게 대부분의 지원자가 저마다 자신의 패션 감각을
드러내 보였지만, 나는 연베이지색 블라우스의 다소 진부한 복장으
로 면접장에 들어갔다. 4명의 지원자와 인성면접을 봤는데 나머지
지원자들의 옷차림을 보고 약간 주눅이 들기는 했지만 나름 자유복
이니 세미 정장도 괜찮다며 스스로를 위로했다.

면접장에 들어서자마자 받은 첫 질문은 "자신이 패션에 관심이
많은 증거나 경험을 이야기 해 보라"는 것이었다. 첫 번째 지원자는
이렇게 말했다. "네, 저는 지금 E기업 경영지원실에 근무하는 남자
친구의 영향으로 패션에 관심을 두게 되었습니다."

실제 이야기이기에 구체적인 지원동기를 이야기하고 있었고, 그
이야기를 들으며 '와, 아는 사람이 있으니 정말 지원할 만하구나'라
며 내심 공감하고 있었다. 한편으로는 생각으로만 패션에 관심을 갖
고 있던 나는 무슨 답변을 해야 할지 머릿속이 점점 복잡해졌다.

두 번째 지원자는 이렇게 말했다. "저는 하루 1만 명이 들어오는
패션 블로그를 운영합니다." 더 이상 들어 볼 것도 없이 나도 마치
면접관이 된 것처럼 뽑고 싶다는 생각을 하면서 동시에 내 답변을
열심히 생각하고 있었다. 나도 아주 잠깐 블로그에 패션 옷을 올린

적은 있지만, 그건 아주 잠시였음을 깨닫고 다른 답을 생각하기 위해 면접이 진행되는 가운데에도 생각에 생각을 거듭했다. '나는 분명 패션에 관심이 있지만 과연 뭘 했을까……?'

세 번째 지원자는 "저는 의상학과 경영학을 복수 전공했습니다"라는 말로 시작해서 어떻게 그 두 학문을 접목시킬 것인지에 대해 대답했다. '음……. 이 지원자는 더 들어볼 것도 없이 합격일세'라고 혼자 마음속으로 평가를 내리고 있었다.

나는 이 세 사람의 패션에 대한 흥미진진한 이야기를 들으면서 자신감은 이미 바닥을 기고 있었다. 그리고 내 차례가 되었을 때 이렇게 말했다. "네! 저는 보험영업을 했습니다."

나는 내가 한 일 중에서 제일 잘했다고 생각한 일을 말했다. 그러고 나서 곧바로 '보험영업을 한 일이 패션에 대한 관심을 나타내는 것은 아니지만, 힘든 일을 극복한 만큼 패션의 화려한 면만 보기보다는 의지로 일하겠다'는 의지를 열심히 어필해 보았다. 면접관들은 아무 반응도 없었지만, 다른 지원자들의 답변에 기죽지 않고 자신감을 다시 회복했다고 혼자 뿌듯해했다.

다음 질문은 영어 질문이었다. 영어를 담당하는 면접관이 영어로 질문을 던졌고, 그 답변 또한 영어로 요구했다. 영어 면접에 다른 지원자들이 모두 패스하겠다고 말할 때 나는 "It is hard to explain……"이라고 말했다. 즉, "죄송하다. 잘 모르겠다"라는 말 대신 "영어로 표현하기 힘들다"라고 영어로 말한 것이다. 남들은 쉽게 포기하려고 할 때, 모르겠다는 말이라도 영어로 해 보려고 했다는 점에서 점수를 얻었다. 결과적으로 내 답변에만 방긋 웃는 면접관을 봤다.

만약 면접 과정 중에 영어 면접이 있는데 자신이 없다면, '영어로 하기엔 어렵기에 다음엔 말할 수 있을 정도로 준비하겠다'는 답변을 영어로 준비해 간다면 나처럼 좋은 점수를 얻을 수 있을 것이다. 지원자들의 근성과 의지를 보고 싶어 하는 자리가 면접임을 잊지 말라.

그런데 스스로 끌어올린 자신감도 그리 오래 가지 못했다. 곧바로 "인턴 시절 보험영업을 했는데 왜 패션직무에 지원했나?"라는 질문에 "금융권을 준비하면서도 늘 패션 의류가 좋아서 사이버 대학에서 관련 학과를 다닐 생각을 해 왔다"고 답변했다. 하지만 미래에 대한 진지한 고민이 없었기에 그동안 살아온 삶 속에서 노력의 증거가 될 만한 사례는 찾을 수 없었다. "보험은 적성에 안 맞고, 금융은 지금 맞춰져 있는 스펙으로 갈 수 있는 확률이 높아서 잠깐 지원했었다"고 임기응변으로 답변을 이어갔다. 나는 이어서 또 다른 질문을 받았다. "하반기 때 어디, 어디에 지원하셨죠?"

그 순간 머릿속이 하얗게 변했다. 보험업 등 금융업이 내 적성과 맞지 않는다고 말했으면 지원을 하지 말았어야 하는 게 맞지만 실제로는 지원을 했기 때문이다. 답변에 대해 앞뒤를 따져 보면 금융권은 지원하지 않았다고 대답해야 했다. 하지만 그러지 못했다. E기업은 면접장으로 들어가기 전에 간단한 이력사항을 적는데, 이전에 지원했던 기업 이름을 적는 곳에 모두 금융권을 적었다. 앞뒤가 맞지 않는 나의 말에 스스로 어찌할 바를 모르고 당황하고 있었다. 취업 시장이 어렵고 사람일은 어떻게 될지 모르니 차선책으로 지원했다고 답변할 수도 있었다. 하지만 깊은 고민 없이 우왕좌왕 장래희망을 바꾸던 나는 결국 주눅 든 목소리로 □□은행, ○○증권사 등 5개의 금융회사에 지원했다고 말했다.

결국 나 스스로 면접관들에게 '금융이 나랑 안 맞는다고 생각했지만 돈은 벌어야 하기에 지원서를 썼었고, 여기 E기업에서 떨어지더라도 다른 금융권에 붙으면 거기 가면 됩니다'라는 메시지를 전달한 것이다. 그렇게 짧고 달콤했던 서류 합격의 기쁨은 잠시였고 E기업과 작별 인사를 했다.

다수의 취업준비생이 그렇듯 끝이 보이지 않아 불안하기 때문에 당장은 어디든 가야겠다는 마음으로 이력서를 작성한다. 하지만 기업 인사 담당자의 입장에서는 그런 지원자들이 아니라 우직하게 한 기업만을 바라보는 사람을 선호한다는 사실을 잊지 말라.

그러니 기업이 통보해 주는 합격과 불합격의 결과에만 일희일비하기보다는 10개의 원서를 써서 10개가 모두 떨어졌다 해도 가슴이 꿈꾸고 있는 단 한 개의 기업과 직무가 있다면 결코 포기하지 말라. 준비하고 또 준비하다 보면 어느새 그 기업의 사원증을 목에 걸고 있을 것이다.

⑥ 선 선택, 후 준비

• B와 D사이는 C •

D생명사 인턴으로 근무할 당시 H저축은행으로부터 서류
합격 통보를 받았다. 다음 전형인 인적성에 참가하기 위해서는 회사
에 말하고 하루 결근해야 하는 상황이었다. 하지만 인턴은 회사원처
럼 하루 쉴 수 있는 '연차(휴가)'의 개념이 따로 없어 회사에 거짓말
로 핑계를 대고 하루를 결근하는 수밖에 없었다. 그러나 찜찜한 마
음으로 회사를 빠지고 싶지 않아 인적성을 보러가지 않았다. 그 후
로 나는 H저축은행에 두 번 더 이력서를 넣었지만, 인적성 기회는
커녕 서류 합격 소식도 들을 수 없었다.

인턴 과정을 수료하기 위해 정규 채용의 인적성 전형을 포기해야 했던 내 상황과 같이 취업 준비를 하다 보면 어떤 기업에 집중해야 할지 선택의 기로에 서게 된다. B와 D사이는 C, 즉 Birth와 Death 의 사이는 Choice라는 말이 있듯이 말이다. 주변에도 여러 기업으로부터 합격 소식을 들은 뒤 어느 기업을 가야 할지를 고민하는 친구를 많이 보았다.

일례로, 한번은 같이 스터디를 하던 한 취업준비생이 이른 아침부터 단체 메신저 대화창에 다급하게 글을 올린 적이 있다. 두 기업의 최종 면접 일시가 겹쳤고, 어느 기업의 면접에 참가해야 할지 모르겠다며 도와달라는 내용이었다. 면접 당일 아침이 되어서 지하철역 앞에 서서 서로 다른 방향으로 가는 지하철 중 어느 것을 탈지 결정을 못하고 있었던 것이다.

단체 카톡방에 있던 조원들은 연봉이 중요하다, 인지도가 중요하다, 직무가 중요하다 등등 각자 조언을 해 주었고, 결국 그 조원은 연봉이 다소 높은 석유 화학 회사를 선택해서 면접을 보러 갔다. 결과는 탈락이었다. 그 후 그 취업준비생이 스터디를 하는 내내 '다른 곳에 갔으면 붙었을 걸'이라는 후회를 하며 취업 준비를 하는 모습을 보았다.

솔직히 그 조원은 석유 회사의 면접 결과가 합격이었어도 후회했을 것이다. 합격 통보를 받고 회사를 다니는 도중 조금이라도 힘든 일이 생기면 '내가 선택하지 않았던 그 기업의 면접을 보고, 지금 다니고 있었다면……'이라는 후회와 함께 불참했던 기업에 대한 좋은 점이 더 크게 느껴졌을 것이기 때문이다.

이런 고민을 하게 되는 이유는 가고 싶은 기업의 우선순위를 정해 놓지 않았기 때문이다. 기업에 대한 철저한 분석은 물론 그 기업에 가고 싶은 확고한 신념도 없었기에 이런 문제들이 생긴다. 이런 상황에서 기업의 우선순위를 정하지 않고 서류 합격이 된 다음에야 주변 사람들에게 의견을 물어 부랴부랴 결정한다면, 결과가 어떻게 나오든 후회하게 된다. 서류를 제출하면서 인적성이나 다음 전형이

순간의 선택이 당신의 앞으로의 30년을 좌우할지도 모릅니다.
당신만의 기업 선호도 리스트를 만들어 두세요.

겹칠 경우를 대비하기 위해서라도 기업 선호도를 정리해 둔다면, 나중에 심적으로 고민도 덜하고 빨리 어느 한 곳을 선택해야 한다는 초조함도 덜하다.

물론 진정으로 가고 싶은 기업에만 이력서를 제출한다면 선호도는 문제가 되지 않는다. 나와 스터디를 같이 했던 또 다른 취업준비생도 이와 비슷한 경험을 했다. 그는 외국에서 알아주는 명문대학교를 졸업하고 한국에 있는 기업에 취직하기 위해 한국으로 들어온 경우였다. 금융권을 준비하는 취업준비생들 사이에서는 합격도 꿈꿀 수 없다는 소위 신의 기업이라 불리는 곳에 들어갈 수 있는 기본 스펙을 갖고 있었다. 그는 한국거래소, 금융감독원 등에 연이어 서류 합격을 했지만, 문제는 그다음이었다.

당시 'A매치의 토요일'이라고 하는 날이 있었는데, 바로 신의 기업이라 불리는 공기업들의 인적성 전형 날이 모두 같은 날로 겹쳤다. 그는 그 A매치의 날 어느 기업 고사장으로 향할까를 고민했고, 토요일이 지난 뒤 곧이어 있었던 월요일 스터디에서 조원들은 어느 기업의 인적성 전형에 응시했는지를 물었다.

A매치와는 전혀 상관없는 K기업의 회계팀 인적성에 참가했다는 예상외의 대답을 했다. 모두가 알아주는 신의 기업이 아닌 K기업의 인적성 전형에 응시한 이유를 묻자, 다른 경쟁자들이 어마어마한 실력자일 것 같아서 그냥 포기했다고 말했다.

물론 본인의 의지와 이런저런 이유가 있었겠지만, 뽑는 인원도 적어서 웬만한 취업준비생들은 서류조차 합격하기 어려운 회사들을 포기한 것에 대해 모두가 안타까워했다. 결론은 A매치 기업들을 모두 포기하고 갔던 회계팀에 최종 합격하기는 했지만, 본인도 아쉬움이 남아서 이직을 준비 중이다.

선택의 기로에 놓인 지원자들은 본인의 확고한 확신이 없으면, 결국은 결과에 대해 후회하기 마련이다. 앞으로 10년, 길게는 30년씩 지내야 할 회사인 만큼 주위의 평가가 아닌 스스로 발품을 팔아 정보를 수집하고, 타의가 아닌 자신의 의지로 올바른 선택을 하는 것이 무엇보다 중요하다.

• 기업을 선택할 본인의 권리를 잊지 말라 •

구직이 길어진 이유 중 가장 큰 원인은 어디를 가고 싶은지 진지하게 생각해 본 적이 없다는 것이다. 증권사가 붙으면 '아, 증권사가 내 적성인가보다, 여기로 준비해야지', 은행이 붙으면 '아냐, 은행인가', 패션 업계가 붙으면 '아니다, 오히려 패션 업계일지도 몰라'라고 이리저리 생각하며 머릿속으로 직업이 수십 번 바뀌었고, 그 과정에서 번번이 면접에서 합격하고자 하는 나의 의지를 제대로 보여 주지 못한 것이다.

그러므로 예비 직장인들은 '어떤 기업이 나를 고용해 줄 것인가'라는 고민이 아니라 '내가 어느 기업에서 일해 줄 것인가'를 고민하라. 즉, 내가 가진 스펙으로 자신을 회사 등급에 맞추는 것이 아니라, 합격 기준이 모두 같다고 했을 때 진정으로 하고 싶은 일 그리고 잘할 수 있는 일을 찾아야 한다는 말이다. 적합한 기업을 찾는 여러 기준이 있겠지만, 10년 후에도 이 업계에 있을 때 뿌듯하고 후회하지 않을 직무와 기업을 고르도록 하라.

남들이 보기에 번듯한 직장에 들어가도 이직하기 위해 노력하는 사람도 많고, 10년이 지나서야 이 길이 내 길이 아닌 것 같다는 생각이 들지만 늦었다는 생각에 초조함과 더 깊은 고민에 빠지는 사람도 많다. 그러므로 한 살이라도 젊을 때 적어도 방향만이라도 잡아 두면 나중에 더 큰 방황을 하지 않을 수 있다.

참고할 만한 구인 구직 사이트들

- 🖥 **사람인** : www.saramin.co.kr
- 🖥 **인쿠르트** : www.incruit.com
- 🖥 **잡코리아** : www.jobkorea.co.kr
- 🖥 **워크넷** : www.work.go.kr
- 🖥 **파인드잡** : www.findjob.co.kr

　　사람인과 인쿠르트 등과 같은 공식적인 구직 사이트들은 누구나 볼 수 있기 때문에 다소 경쟁률이 높을 수 있다는 단점이 있다. 일부 외국계 기업(스탠다드차타드 인턴) 등의 경우는 각 대학교 학생지원 취업 사이트에 채용 공고를 보내기 때문에 몇몇 개의 대학 취업게시판에서만 확인이 가능하다. 때문에 모교의 취업지원 관련 홈페이지를 즐겨찾기로 추가해 두고, 타 사이트처럼 주기적으로 방문한다면 면접의 기회를 높일 수 있다. 나도 Y증권사로부터 학교 추천을 받아서 교내에서 유일하게 이력서를 넣는 좋은 기회를 얻은 적이 있다.

　　일례로 D식품회사의 경우는 채용사이트에 따로 공지를 내지 않을 때도 있다. 기업의 홈페이지를 방문해야 채용 공고가 떴는지 확인할 수 있는 기업이 있다면, 이 또한 즐겨찾기 추가를 통한 주기적인 방문이 필요하다.

　　현재 내가 다니고 있는 우리 회사도 한 포털 사이트의 블로그를 통해서 공고가 올라왔고, 평소 주기적으로 소식을 받고 있어서 블로그에서 보내 주는 이메일 취업 공지를 보고 지원했다. 이처럼 흔히 알려져 있는 사이트 외에도 다방면으로 기업의 채용 소식을 얻을 수 있는 곳이 있다면, 주기적으로 방문하라. 규모가 작은 기업이나 대대적으로 공채 소식을 알리지 않는 기업들의 채용 소식을 놓쳐서 안타깝게 원서를 제출하지 못하는 일은 없어야 한다.

⑦ 우연히 잡은 행운은 오래가지 않는다

• 시간 활용도 하나의 전략 **•**

"면접 망했다……. 난 탈락할 것 같아."

면접이 끝나고 스터디 조원들과 이야기를 하다 보면 꼭 면접을 망쳐서 합격 소식을 듣지 못할 것 같다고 말하는 친구들이 한두 명씩은 있다. 그것이 바로 나였다. 준비하지 않는 상태로 면접에 임하고 나서 불합격할 것 같은 불길한 기분으로 면접장을 나오는 그런 사람 말이다.

한번은 A백화점 영업지원 직무에 지원해 서류 합격 소식을 들었다. 자기소개서 내용을 많이 보기로 유명한 기업이어서 실제로 자기소개서에 나온 질문들이 상당히 까다로웠다. A백화점의 이미지를 기술하라, 물건 하나를 정하고 그 물건의 최대 이익을 내는 판매 방법을 설명하라는 등의 항목이었다.

하지만 나는 오히려 상대적으로 까다로운 자기소개서 항목이 있는 기업들의 서류 합격률이 높았고, A백화점 역시 합격이었다. 틀에 박힌 구구절절한 내용이 아닌 깔끔한 문체로 나만의 의견과 생각을 써서 제출했기 때문이다. 한 글자 한 글자 공을 들였고, 즐기면서 쓴 자기소개서였기 때문에 높은 경쟁률을 뚫고 서류 전형에 합격할 수 있었다. 동시에 내가 가진 스펙보다 자기소개서가 중요하다는 것을 다시금 확인하는 순간이었다.

합격 소식을 듣고 나서는 2주 뒤에 있을 인적성을 준비했다. 이미 인적성을 치렀던 사람들이 취업 게시판에 올려 둔 후기들을 읽어 보니 그다지 어렵지 않다는 평이 많았다. 별다른 준비 없이 S그룹의 인적성을 준비할 때 봤던 책 한 권과 모의고사 2회분만 풀고 갔다. 하지만 인적성 당일 시험장에 가 보니 문제가 다소 까다로웠고, 한두 문제를 못 푸는 것이 당락에 큰 영향을 주는 듯했다. 나중에 알고 보니 3:1의 경쟁률이어서 3명 중에 한 명은 떨어지는 당락에 큰 영향을 주는 인적성이었다.

나는 인적성을 본 뒤, 1차 면접을 대비하기 위한 스터디 조원을 모집한다는 글을 취업정보 공유사이트에 올렸다. 인적성 결과는 2주 후에나 알 수 있는 상황이었지만, 면접에서 실수한 경우가 워낙 많아 다시는 그러지 않으리라 결심했다. 무엇보다 인적성 결과 발표

3일 뒤에 바로 1차 면접이 진행되었기 때문에, 3일 내에 모든 것을 준비할 수 없었다. 그렇게 모인 7명의 스터디 조원은 인적성 전형의 결과도 모른 채 그 기업에 가고자 하는 의욕에 불타 매일 2시간씩 기업 분석과 PT 연습에 시간을 보내며 하루하루를 보냈다.

드디어 인적성 발표 당일, 떨리는 가슴으로 결과를 확인해 보았는데 결과는 불합격이었다.

인적성 문제가 쉽게 풀릴 것이라는 착각에 준비가 미흡했던 점이 가장 큰 실수였다. 나는 면접 스터디 단체 메신저 대화방에 "저 떨어졌어요"라고 메시지를 보냈고, 곧바로 "저도요", "저도", "붙으신 분 축하해요"라는 조원들의 메시지가 이어졌다.

"그럼 우리는 누가 붙었어요?"

결국 7명 모두 떨어진 것이다. A백화점에 들어가기 위해 미리 면접 연습에 열을 올린 우리 모두가 떨어진 상황이었다. 우리는 서로를 위로하며 다른 기업을 준비해야 했다. 그런데 곰곰이 생각해 보니 모였던 7명의 지원자에게는 공통점이 있었다. 그 누구도 최선을 다해 먼저 넘어야 하는 산인 인적성을 제대로 준비하지 못했던 것이다. 그래서 인적성을 끝내고 불합격할 것 같은 마음이 컸지만, 똑같은 실수를 반복하지 않기 위해 1차 면접만은 그렇게 열정적으로 준비한 것이다.

취업에는 분명 전략이 필요하다. 타 기업의 인적성 결과가 나오기 전에 다른 기업의 자기소개서를 써야한다든가, 혹은 학기 중에 수업을 들으면서 취업을 준비하는 지원자들은 면접 스터디를 미리

하기에는 후에 인적성 결과가 좋지 않을 경우 시간을 낭비한 것이 될 수 있다.

이런 상황을 대비하기 위해서는 철저한 인적성 준비가 선행되어야 한다. 대부분 서류 합격에 큰 기대를 하지 않는 지원자들은 자연스레 인적성 전형을 제대로 준비하지 않는다. 그래서 운 좋게 서류에 합격하더라도 최종 합격까지는 가지 못하는 것이다. 내가 가고 싶었던 기업이라면, 일단 서류를 넣고 나서 '나 몰라라' 하고 있을 것이 아니라, 미리부터 다음 전형을 준비하라.

인적성을 단순한 이름뿐인 관문이라고 여기면 큰코다치기 마련이다. 치열한 취업 전쟁에서는 서류 결과가 나오기도 전에 미리 인적성 공부를 시작하는 지원자가 대다수라는 점을 잊지 말라. 취업 기간 동안 준비 시간을 잘 활용하는 것도 하나의 중요한 전략이다.

·• 면접은 상대가 듣고 싶은 말을 하는 것이다 •

금융권을 준비하면서, 증권사로부터 단 세 번의 면접 기회가 있었다. 마지막으로 서류 합격 통보를 받았을 때는 본사 경영지원 직무에 붙었다. 증권사의 지점영업은 자신이 없기도 했지만 무엇보다 지원자 수에 있어서 경영지원보다 경쟁률이 치열하리라 생각해 영업 직군으로 지원하지 않았다.

지원 후에는 고작 1~2명을 뽑는 자리에 외국 대학도 나오지 않은 내가 합격하리라는 생각은 하지도 않고 있었는데 뜻밖에 며칠 후 서류 전형에 합격했다는 메일을 받았다. 면접을 봐야 한다는 생각에 면접관에게 뭐든 보여 주어야겠다는 의욕이 앞서 시키지도 않은 설문지를 돌려 A증권사가 보완해야 할 점들까지 준비했다.

면접 스터디도 빠지지 않고 참여하면서 어떻게 말을 해야 할지에 대한 고민을 많이 했고, 모범답안에 대한 키워드를 채우면서 면접을 준비했다. 겉으로 보기에는 완벽한 준비처럼 보이는 이 과정에서 실수한 것이 한 가지 있었다. 바로 준비하는 내내 '나를 왜 뽑았을까?'라는 의문을 가졌다는 것이다.

증권사라면 외국인 고객을 상대해야 할 때도 있고, 주식시장을 잘 읽어야 하기 때문에 외국 대학 출신의 지원자를 선호할 것이라는 편견에 사로잡혀 있었다. 그에 비해 분명 토익 점수도 낮고 학점도 좋지 않은데 나를 뽑은 데에는 무언가 원하는 점이 있으리라 확신했다. 자기소개서와 이력사항을 다시 읽어 보면서 '공모전 수상경력 때문에 나를 뽑았을 것이다. 때문에 나는 반드시 마케팅 직무에 가겠다고 어필해야겠다'라는 혼자만의 결론을 내렸다. 면접장에 가서도 나는 처음부터 끝까지 마케팅이 아니면 가지 않겠다는 의도를 강조하고 돌아왔다.

3명의 지원자가 들어갔고, 면접장에 앉자마자 1분 동안 본인의 자랑을 하라는 공통 질문을 받았다. 내 오른편에 앉은 지원자는 회계사였다. '이 사람이 뽑히겠구나'라고 합격자를 이미 내 마음속으로 정해 놓고 있었다. 이미 승부를 포기한 상태가 되자 마치 발악이라도 하듯 "난 기업에 대해 미리 설문조사도 했고, 마케팅 쪽으로 할수 있다"라는 이야기들을 아무런 근거도 없이 큰소리치듯 말했다. 머릿속으로는 '내가 하고자 하는 말이 이게 아닌데'라고 생각하면서도 입으로는 쉴 새 없이 이야기를 쏟아냈다.

A증권사가 필요로 했던 직무가 마케팅이든 아니든 간에 같이 일하고 싶은 사람의 모습을 보여 주어야 했는데 그러지 못했다. 대화가 통하는 사람이고, 한 가지 질문을 받더라도 핵심을 파악하는 지원자가 되어야 하는데 처음부터 끝까지 마케팅에 대한 이야기만 떠들다 나온 것이다.

면접이 끝나고 나서 당연히 떨어질 거라는 생각이 들었다. 나라는 사람이 어떤 사람인지를 보여 주고자 하는 것이 면접의 가장 기본자세임에도 나는 다른 사람이 듣고 싶은 이야기가 아니라 내가하고 싶은 말만 했기 때문이다. 당연히 결과도 탈락이었다.

탈락의 가장 큰 이유는 '하고 싶은 말만 말하고 나왔다'는 것이다. 인성면접은 지원자가 어떤 사람인지 보여 주는 자리이자 면접관과 대화를 하는 곳이다. 그러나 내가 보여 준 행동은 마치 소개팅에서 처음 만난 남녀가 있는데, 상대방이 마음에 든 남자가 본인 자랑만 늘어놓는 것과 같았다.

"영화도 보고 싶고, 밥도 먹고 63빌딩에도 매일 가고 싶어요. 제가 비록 춤을 잘 못 추지만 당신을 위해 춤도 춰 보고 싶고요……. 또 저는 빨간색보다는 파란색을 좋아해요."

과연 시종일관 자기가 하고 싶은 일에 대해서만 말하는 사람이

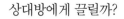
제 말 좀 들어보세요!
저는 뭐든지
할 수 있습니다!

상대방에게 끌릴까?

본인이 어떤 사람인지 알려주고, 더불어 상대에 대해서도 알고 싶다고 마음을 열어야 대화가 통하는 법이다. 그런데 그 점에 실패했고, 면접에도 실패했다. 면접관들이 지원자들에게 보고 싶은 것은 거창한 기술과 자격이 아니라 새내기 직장인다운 겸손한 태도와 성실히 일하고자 하는 의지다. A증권사 면접에 가서 내가 보여 준 것은 의지가 아니라 과욕이었다.

서류 전형에서 내 자기소개서를 보고 합격시켰던 이유는 소위 빵빵한 스펙(명문대, 높은 토익, 대단한 경험) 때문이 아니라, 제출한 이력서에서 느껴지는 열정과 남다른 의지였을 것이다. 그런데 면접장에서 오른쪽에 앉아 있던 지원자가 회계사라는 말에 순간 위축되면서, '정말 나를 왜 뽑은 걸까?'라는 생각으로 마구 혼란스러웠다.

일반 기업 면접과는 다르지만, 얼마 전 친한 동생이 대학원 면접에 가서 당당하게 이야기하고 온 경험을 들려주었다. 자신을 제외하고 양 옆에 앉아 있던 지원자들이 외국에서 알아주는 대학을 나오고, 다방면으로 학식을 겸비한 수재들이었다고 한다. 그 친구는 경쟁 지원자들의 그런 배경에 기죽기보다는 오히려 국내에서의 배움을 통해서 얻었던 점들과 본인 특유의 모습을 당당하게 면접관에게 어필했다. 발음을 굴리며 설명하는 미국인인 척하는 한국인이 아니라 솔직하고 정확한 어법으로 면접관의 마음을 사로잡아 한 명을 뽑는 자리에 당당히 합격해서 대학원생이 되었다.

면접에서 옆 지원자의 대답과 배경에 좌지우지되지 말라. 만약 그런 것이 중요했다면 면접관은 사람을 보지도 않고 그 사람을 합격시켰을 것이다. 하지만 소위 스펙만 보고 사람을 뽑았을 때 일을 다 잘하는 것이 아니라는 사실을 이미 잘 알고 있고, 무엇보다 자신의 회사와 맞는 사람을 뽑아야 한다는 것을 아는 면접관들은 당신의 내면을 보고자 면접을 진행하는 것이다. 그러므로 면접에서는 자기 자신에게 집중하고 자신을 있는 그대로 보여 주는 것이 합격의 비결이다.

Part

2

취업의 필살기
• 자기소개서와 이력서 •

① 언제부터, 무엇을 해 놓아야 할까?

• 단계별로 시작하기 •

채용 원서를 내기 전까지 우선적으로 해야 할 일은 가고자 하는 기업과 직무를 정하는 일이다. 그 후에는 그 기업에 채용된다면 잘 하리라는 것을 증명할 수 있는 것을 준비하면 된다.

LEVEL 1
학점을 탄탄하게 만들어 두기

1학년 때부터 바로 시작해야 할 것이 학점 기초공사다. 물론 학점이 낮아도 합격할 수 있는 곳도 있고, 자신이 가진 다른 강점으로 낮은 학점을 보완할 수 있는 게 취업이기는 하다. 하지만 학점이 낮을 경우 그 부분을 채울 만한 특출한 자신의 무기를 갖고 있어야 하기 때문에 학점 관리에 우선적으로 신경 써야 한다.

또 일부 기업은 지원 조건에 일정 수준 이상의 학점을 제시하고 있고, 그러한 지원 조건도 3.0점에서 3.5점까지 다양하다. 1학년 때부터 준비하지 않으면 가고 싶은 기업에 서류를 넣어 볼 기회 자체가 없을 수 있다. 물론 극소수의 기업을 제외하고는 기업들이 학과의 1퍼센트에 드는 학점을 원하는 것이 아니다. 모든 취업 과정은 상대평가로 진행되는 만큼 다른 지원자들의 학점과 비교해 봤을 때 한참 뒤떨어지지 않을 정도의 평균 학점을 만들라.

나도 3.28이라는 낮은 학점으로 인해 최종 합격 통지를 받기까지는 어려움이 있었다. 3년 동안 이를 극복하고자 꾸준히 공모전에 참여해 수상도 하고, 계약직이나 인턴으로 일하면서 나만의 강점들을 만들었기 때문에 가능한 일이었다.

LEVEL 2
자격증 취득 + 인턴 경력 쌓기

기업 입사 의지를 보여 줄 수 있는 가장 기본적인 요건이 자격증 취득이다. 어떤 자격증이 그 분야에서 필요한지 철저히 조사해 보라. 지원자들 사이에서 돌고 도는 뜬소문으로 자격증을 취득했다가 나중에 알고 보니 그 회사에서 인정하는 자격증이 아닐 수도 있다. 직무와 상관없는 자격증을 딴 경우, 돈은 돈대로 시간은 시간대로 허비하게 된다. 기존의 입사 선배들에게 회사 직원들이 많이 갖고 있는 자격증을 물어서 정확한 정보를 얻으라.

R반도체 회사 서류 합격 후 스터디를 할 당시, 생산 관리직에 지원한 친구를 만난 적이 있다. 그 친구는 학점도 높지 않았고, 이공계 쪽에서 알아주는 대학 출신이 아니었음에도 자격증 덕분에 그 분야에서 상대적으로 서류 합격률이 높았다고 한다.

물론 회사 직무에 따라서 실무자가 갖고 있는 자격증을 취득하더라도 서류 합격률에 큰 당락을 미치지 않는 곳도 있다. 그러므로 입사 준비 과정에서 실제로 필요한 자격증인지 아닌지 알아볼 필요가 있다.

은행을 준비하는 지원자들은 알아둘 것이 있다. 수출입 과정에서 필요한 신용장을 만들 수 있는 자격증이 있다는 사실이다. 이 자격증은 실무에서 필요하기도 하고, 실제 이 자격증이 있는 사람만 업무 수행이 가능하다. 이것은 은행 합격률을 높일 수 있는 자격증 중의 하나라 할 수 있다.

LEVEL 3
공모전 + 아이디어 제안 참여하기

대학 시절 공모전 참가는 나와는 거리가 먼 이야기인 줄만 알았다. 광고홍보과도 아닌 사람이 쟁쟁한 공모전에 획기적인 아이디어를 내서 수상한다는 것 자체가 불가능하고, 경쟁률 또한 매우 치열하다고 생각했기 때문이다.

그렇게 한 번도 공모전에 지원해 본 경험 없이 대학을 졸업했다. 그 후 I은행에서 단기 계약직으로 일하면서 우연히 사내에서 주관하는 공모전에 참여하게 되었다. 스마트 뱅킹 브랜드 이름을 지어서 제출하면 되는 것이었는데, 순간 떠오르는 명칭을 제출했고 운 좋게 우수상까지 받게 되었다. 작은 기업에서 한 작은 규모의 공모전이었음에도 수상 내역을 적는 칸에 공모전 우수상이라는 한 줄의 추가는 서류 전형 합격률을 더욱 높여 주었다.

이후 공모전 참가라는 새로운 취미를 갖게 되었고, 캠퍼스몬(www.campusmon.com)이라는 공모전 참여 사이트를 수시로 점검하면서 공모전에 참여해 S금융회사의 신상품 공모전과 B연합회에서 개최한 복권 관련 에피소드의 웹툰 공모전에서 연달아 수상했다.

대상 제한이 없는 규모가 큰 공모전이 부담스럽다면, 대학생들만 참여할 수 있는 공모전에 참가해서 경쟁 상대를 조금이라도 줄여 본다면 승산이 있다. 또한 회사 업무와 연관 있는 공모전이 아니더라도 좀 더 자신 있는 공모전에 참여해서 수상을 하는 것도 합격률을 높이는 방법이다. 어느 분야든지 무언가 새로운 시각에서 바라볼 수 있는 사람으로 보인다면 어느 기업이든 그 기업에서 원하는 인재상에 한 걸음 더 가까워질 수 있다.

LEVEL 4
아르바이트 + 단기 계약직으로 경험 쌓기

취업이 길어지거나, 졸업 유예로 시간이 생기는 지원자들은 관련 기업 게시판을 수시로 보면서 아르바이트를 구하거나 단기 계약직을 구하는지 확인하라. 은행에 취업을 하기 위해 아르바이트도 은행에서 하는 것만 검색하다가 W은행 본사 인사팀에서 인사 담당자들과 함께 일한 적이 있다. 물론 아르바이트에 불과했고, 안면이 있다고 해서 서류 합격이 되는 것은 아니지만 점심 식사도 함께하고 시간도 보내면서 인사 전형에 대해 이야기를 듣는 것이 큰 도움이 될 수 있다. 공고가 올라온 아르바이트가 없다면, 구직 사이트에 단기 계약직이 올라와 있는지도 찾아보라.

계약직 근무의 경우는 보통 1~2년을 정해 두고 일해야 한다는 조건 때문에 취업준비생들이 부담스러워한다. 도중에 다른 정규직에 합격한다면 쉽게 그만둘 수도 없고, 시간을 낭비하는 것 같다고 생각하기 때문이다. 이럴 경우 취업 시즌인 3~5월과 9~11월을 피한 공백 기간 동안 짧게 일하는 단기 계약직을 구하는 회사를 노려보라.

단기 계약직의 경우는 아르바이트와 달리 경력사항에 계약직으로 넣을 수 있다는 이점도 있고, 일했던 증빙서류도 나오기 때문에 아르바이트보다는 더 인정받을 수 있는 하나의 경력이 될 수 있다. 무엇보다 취업 시즌 전까지만 하다가 그만두는 기간제 근무이기 때문에 부담을 느끼지 않고 일할 수 있다.

LEVEL 5
남들은 해 보지 못한 Only one 만들기

다소 특이한 전형의 면접을 보러 갔을 때 지원자들 중에 남들은 하지 못한 유일한 경험을 가진 지원자가 있었다. 바로 사막 횡단이었다. 실제로 세계 최연소 사막 횡단 기록을 보유하고 있었고, 이후에 TV에 출연해 강연도 하고 책도 출간했다.

자신만의 이야기와 면접관들에게 들려줄 이야기가 수백 가지나 되는 그 지원자를 보면서, 나중에 어느 기업에 지원하더라도 합격할 것이라는 생각이 들었다. 이렇게 다들 갖고 있는 학생회 경험이나 어학연수 경험이 아닌, 진짜 자신만의 경험을 가졌을 때 그 사람의 희소성과 가치는 무한대로 올라간다.

돈을 들여서 세계 일주를 가거나 거창하게 책을 출간하지 않아도

스펙보다 더 강력한 스펙은 바로 남들이 하지 않은 경험!

좋다. 돈이 적게 드는 일이라도 다른 지원자들은 해 보지 못한 나만의 경험들을 만들라. 예를 들어 대한민국 맛집을 찾아다니며 인증사진을 찍은 기록, 하루에 착한 일 3번씩 하기를 실천한 이력 등등. 소소해 보이지만 결코 근성과 노력이 없으면 이루지 못할 일들을 지금부터 만들어 나가 경쟁력을 키우라.

• 이력서 사진은 외모가 아니라 이미지가 중요하다 •

얼마 전 원장님(재단 기업이어서 CEO를 원장이라 지칭)과 이하 차장님들과 다 함께 식사를 할 기회가 있었다. 이런 모임이 있을 때면 자리 배치도가 등장하고, 그 배치도에는 직원 이름뿐만 아니라 사진도 넣는다.

입사 교육 때 회사에서 직원 조회 매뉴얼에 사용할 웃는 사진을 제출하라고 했다. 얼굴의 길이를 줄이고 눈을 2배로 키운 '미녀' 같은 사진을 제출했다. 그리고 이 사진이 자리 배치도에 넣는 사진으로 쓰였다.

식사를 하던 중 임원분들 중 한 분이 말했다.

"요즘 신입사원들은 사진이랑 얼굴이랑 달라서 사진만 보고서는 누군지 찾아낼 수가 없다니까. 허허허." 농담으로 던지신 말에 흠칫하며 나도 모르게 "죄송합니다"라고 외쳤다.

본인 같지 않은 사진은 면접 때 인사 담당자들이 누군지 알아보지 못하는 해프닝이 생길 수 있다. 나도 처음 지원서에 넣기 위한 증명사진을 찍었을 때, 그저 예쁘게 나오면 성공인 줄로만 알았다. 입사 준비를 하면서 증명사진을 총 4번을 찍었다. 과정은 생략하고 처음 찍었던 사진과 마지막 사진만 실어 보겠다.

2011. 4. 21 　　　　　 2014. 3. 16

보기에도 완전히 다른 사람 같지 않은가? 왼쪽 사진이 입사 지원서에 넣기 위해 처음 찍은 사진이다. 머리는 밝은 갈색으로 한 염색과 파마 상태 그대로 대충 묶고 사진을 찍었다. 메이크업도 집에서 스스로 했고, 복장 또한 마치 연극무대 위에서 입는 의상 같은 그야말로 화려한 블라우스를 입고 찍었다. 오른쪽 사진은 가장 마지막으로 찍은 증명사진이다. 헤어와 메이크업 모두 스튜디오에서 했고, 배경 또한 매우 신경 써서 골랐다.

사진만 놓고 봤을 때 어느 쪽 사람이 더 전문적이고 신뢰감이 느껴지는가? 왼쪽보다는 오른쪽 사람에게 더 신뢰가 갈 것이다. 파란색 배경을 통해서 한 톤 밝은 느낌을 주고 있고, 대체적으로 깔끔하게 정리된 이미지이기 때문이다.

나는 취업 사진을 잘 찍는 곳을 검색해서 리터칭 전문 사진관을 찾아갔다. 가격이 부담이 되는 사람은 동네에서 잘 찾아보면 할인혜택을 받을 수 있는 곳을 찾을 수 있을 것이다. 또한 연예인 지망생들처럼 전문 프로필 사진을 찍는 것이 아니므로, 저렴한 비용으로 취업용 사진을 잘 찍어 주는 곳이 분명히 있다. 사진을 찍을 때는 인터넷으로 한번 검색해 보고 이력서 제출용 사진을 찍도록 하라.

'리터칭을 잘하는 곳'이란 내가 가진 외모를 미인으로 만들어 주는 곳이 아니라, 내 모습을 자연스러우면서도 더 신뢰감 있는 사람으로 만들어 주는 곳이다. 나는 그런 곳을 찾아서 갔고 결과는 만족스러웠다. 중요한 점은 본인의 모습이 나오되 깔끔하고 정갈한 이미지를 풍길 수 있는 증명사진이어야 한다는 것이다. 면접장에 가서 본인을 못 찾고 면접관이 사진을 다시 들여다보는 일이 없도록 증명사진에도 신경을 써야 한다.

② 방향은 많은 것을 결정해 준다

• 자신이 원하는 것을 찾아가라 •

취업준비생이었을 때 함께 취업을 준비하는 동생이 나에게 고민 상담을 한 적이 있다. N은행에서 2년 동안 계약직으로 근무하는 전형에 면접을 보고 왔는데 최종 합격 전화가 왔고, 입행 후 계약직으로 근무를 해야 할지 아니면 포기하고 계속해서 정규직 공채를 준비해야 할지 고민이 된다는 것이었다.

전화로 상담을 하기는 했지만 이야기를 듣다 보니 본인은 계약직 근무를 포기하고 정규직에 원서를 넣는 쪽으로 마음이 기울어진 상태라는 것을 느낄 수 있었다. 어떤 결정을 하든 본인이 후회하지 않는 선택이 최선인 것 같으니 계약직으로 붙은 회사에 가지 말고 정규 채용에 원서를 쓰는 것이 어떻겠냐고 말해 주었다.

N은행의 경우 2년을 전제 조건으로 계약직으로 근무한 후에 정규 채용 시 이것이 유리하게 작용하는 곳으로 유명하다. 하지만 그 동생을 포함한 대부분의 지원자는 2년이라는 상대적으로 긴 기간을 계약직으로 근무하며 시간을 낭비하기보다는 처음부터 정규직으로 입사해야겠다는 결정을 한다.

정규직은 계약직으로 있으면서 계약 기간 종료 시 언젠가는 그만두어야 한다는 불안감이 없어서 안정적이고, 같은 일을 하더라도 더 높은 급여를 받기 때문이다. 물론 정규직의 경쟁률은 상대적으로 높다. 친한 동생이 그런 고민 상담을 요청해 왔을 때 그냥 계약직이라도 일해 보라고 말해 주고 싶었다. 졸업을 앞두고 있었기에 공백이 생길 수 있어 걱정이 되었고, 주변에 스펙이 좋다는 친구들도 N은행 계약직 전형으로 서류를 넣을 정도로 취업 시장이 어려웠기 때문이다.

고민을 상담한 동생은 학점 3.87에 토익은 900점이 넘었고, 금융 관련 자격증 2개를 보유한 우수한 스펙을 갖고 있었다. 그래서인지 계약직 시험을 보러갔을 때 면접관에게 "요즘 취업이 어려워서 이 자리에 왔군요"라는 질문 아닌 질문까지 받았다고 한다. 그 동생은 울컥하는 마음에 목소리도 떨렸지만, 평정심을 잃지 않고 진지하게 대답해 합격 통보를 받은 것이다.

하지만 합격 소식을 듣고 기뻐하기보다는 계약직으로의 회사 생활을 병행하면서 취업을 준비할 것인지 갈등하고 있었다. 결국은 입행을 포기했고, 이후로 지금까지 계속 취업 준비를 하고 있다. "언니, 나 그때 그냥 계약직으로라도 일할 걸 그랬나?"라며 가끔 후회하는 모습이 보이기도 하지만, 자신이 선택한 길인 만큼 지금 선택한 길을 향해 열심히 노력하고 있다.

자신의 선택에 대한 확신을 갖고 한길로 가라. 이리저리 휘둘리고 지나간 선택에 대해서 생각하느라 쓸데없는 시간을 보내다 보면 어느새 정작 중요한 것들을 놓치기 마련이다. 가지도 않을 기업에 자기소개서를 작성하고 면접에 참여하느라 낭비한 시간들의 소중함을 깨닫고, 그런 시간들을 붙잡아 미래에 대한 방향성을 먼저 찾는 것이 낫다.

선택하고 집중하라

기업에 제출할 자기소개서를 작성하는 데 얼마만큼의 시간을 소요하고 있는지 곰곰이 생각해 보라. 처음 취업 시장에 뛰어들었을 때 '이렇게 쓰다 보면 기업 하나 정도는 붙겠지'라는 생각으로 수 없이 'Ctrl+C (복사)'와 'Ctrl+V (붙여넣기)' 버튼을 눌렀다. A기업의 자기소개서 내용을 B기업에도, C기업에도 그대로 갖다가 붙여 넣는 것이 내 모습이었다.

이것은 마치 허술한 자기소개서를 미끼로 걸고, 낚싯대를 바다에

던져 놓은 채 기업이라는 고기를 기다리는 일이다. 당연히 물고기는 미끼를 물지도 않을 것이고, 설사 어쩌다가 물었다고 해도 제대로 준비하지 않은 자기소개서였기 때문에 소홀한 내용으로 인해 면접에서 떨어지기 일쑤일 것이다.

자기소개서 항목 중에 지원서를 제출하려는 은행을 방문한 후 느낀 점을 적는 항목이 있었다. 합격했으면 하는 간절한 기업이었기에 시간을 쪼개서 실제로 방문했다. 지점이 여의도에만 있어서 왕복 4시간이 걸렸지만, 시간이 결코 아깝지 않았다. 한 시간 정도 앉아 있다가 통장을 개설하면서 지점 구석구석을 관찰했다.

보통은 은행 방문 후기를 쓰라고 하면, 대부분의 지원자가 정해진 정답처럼 뻔한 이야기를 쓴다. 청원경찰이 친절했고, 짧은 시간에 일 처리를 해 주고, 금융 상품에 대한 상세한 설명이 좋았다 등등의 이야기를 적는다. 나는 이런 뻔한 이야기를 적지 않기 위해 직접 은행을 방문했고, 다음과 같은 장단점을 적을 수 있었다.

- 좋았던 점 -

/ '부지점장님의 명패' /

여의도 지점을 방문했을 때, 제 이목을 끄는 것이 하나 있었습니다. 바로 부지점장님의 명패에 붙어 있는 스카치테이프였습니다. 겉으로는 멀쩡해 보였지만, 일부분이 깨졌는지 아래쪽을 테이프로 꼼꼼하게 붙여

놓았습니다. 다시 구매하더라도 많은 돈이 나가지 않았을 텐데, 물건을 함부로 버리지 않는 ○○은행의 '검약' 정신을 엿볼 수 있었습니다.

큰 단위의 돈을 다루는 직업의 특성상 수치에 무감각해져서 자칫 돈을 함부로 쓸 수도 있다고 생각합니다. 하지만 ○○은행 직원들의 '검약' 정신을 보면서 제 입행 의지를 더 확고히 할 수 있었습니다.

/ 임산부 전용 창구 /

방카슈랑스 전문, 펀드 상담 전문이라는 팻말 대신 김○○ CS텔러님 자리 앞에는 '임산부 전용 창구'라고 쓰인 안내판이 놓여 있었습니다. 이를 보면서 상품으로 고객을 구분 짓기 이전에 고객을 먼저 생각하는 ○○은행만의 배려를 느낄 수 있었습니다.

- 개선할 점 -

/ 고객을 위한 물품 구비 /

양손 가득 짐을 들고 한 아저씨께서 지점에 오셨습니다. 볼일을 다 보시고 가실 때 청원경찰 분께서 도와드리긴 했지만, 지점을 나가서부터는 여전히 힘겹게 짐을 갖고 가셔야 했습니다.

제가 행원이 된다면 지점 내 ○○은행 로고가 새겨진 쇼핑백이나 파일을 구비해 둘 것입니다. 이를 통해 고객의 편의를 돕고, 로고 노출 효과를 통해 은행의 인지도 또한 높이겠습니다.

나는 공들여 적은 자기소개서 덕분에 서류 합격 소식을 들을 수 있었다. 합격했던 기업들의 자기소개서 항목들을 보면 대체로 까다로운 질문이 많았다. 그 이유를 따져 보면 다른 기업에 썼던 내용을 그대로 가져다 쓸 수 없는 질문에 답하기 위해 처음부터 다시 썼기 때문이다. 다시 말해, 기업에 대해 더 연구하고 발품을 팔아 정보를 모아서 작성했던 점이 합격률을 높인 것이다.

또 개인적으로는 그런 질문들에 대한 답은 기존에 썼던 내용이 아닌 나만의 새로운 시각에서 생각한 내용들을 써야 하다 보니 오히려 적을 내용들이 늘어났고, 가식 없게 쓸 수 있었다. 나중에는 유명 의류 업계인 G기업 면접장에서 인사 담당자에게 자기소개서를 인상 깊게 봤다는 말을 듣기까지 했다. 이처럼 공들여 작성한 자기소개서는 취업준비생을 배신하지 않는다. 불안한 마음에 이 기업 저 기업에 문을 두드리지 말고, 자신이 선택한 기업의 자기소개서에 애착이 생길 만큼 정성을 다해야 한다.

③ 충분히 일할 자격이 있는 지원자가 되라

• 면접에서 회사 분위기를 파악할 수 있다 •

이과 계열의 전공학과를 졸업한 학생들 사이에서는 유명한 K반도체 기업에 서류가 붙어 면접을 보러 오라는 메일을 보고도 크게 기쁜 마음은 없었다. 단지 내가 원하는 기업이 아니었기 때문이다. 문과도 상대적으로 지원 제약이 없는 영업 관리직이긴 했지만, 반도체 회사는 생각해 본 적도 없었고 지원해 본 적도 없었기에 합격이라는 메일이 왔을 때 면접에 갈 것인지에 대해 고민했다.

20곳이 넘는 회사에서 합격 통보를 받고 면접에 갔을 때는 언제나 떨리고 긴장되었다. 하지만 유일하게 붙어도 갈 생각이 없었던 반도체 회사에 붙어서 면접장에 갔을 때는 반대로 무척이나 마음 편하게 면접에 임했다. 가도 그만 안가도 그만이라는 불성실한 마음 가짐과 반도체 쪽으로 공부해 본 적이 없었기에 나보다 더 나은 지원자가 당연히 많을 거라 생각했기 때문이다.

이렇게 마음 편하게 면접을 본 기업이었음에도 탈락하고 나서는 아이러니하게도 아쉬움이 남았다. 면접에 참여하는 과정에서 기업 이미지가 굉장히 좋게 남았기 때문이다. 면접을 보고 나면 대부분의 회사가 면접비를 봉투에 넣어서 지급해 준다. 지금까지 받은 면접비 봉투 중에서 기업 로고와 함께 봉투에 짧은 인사말이 적힌 곳은 이곳이 처음이었다.

'㈜△△ 면접에 참여해 주시어 진심으로 감사드립니다. 좋은 인연으로 저희 회사와 새로운 VISION을 함께할 수 있기를 기원 드립니다.'

아무것도 아닌 듯해도 면접을 보러 온 수많은 지원자를 격려하고 진심으로 위하고 있었다. 또한 면접 대기실에 과자와 음료가 있는 기업은 봤지만, 신문을 종류별로 나열해 놓은 회사는 이곳이 처음이었다.

봉투나 신문으로 그 회사에 대한 전부를 알 수는 없고, 또 보이는 게 다가 아니겠지만, 성장하고 있는 데는 그만한 이유가 있었다. 오기 전까지만 해도 규모가 작지만 연봉이 높고, 평이 좋아서 궁금했는데 면접자를 대하는 자세에서 따뜻함이 느껴지는 회사였다.

한 인사 담당자가 쓴 책에 이런 내용이 있다. 자신의 직무에 대해 힘들어 하고 있을 때 같은 부서 선배가 회사에 들어올 후배들이 제일 먼저 마주하게 되는 사람이 너이기 때문에 자부심을 가지라고 했다는 것이다. 정말 맞는 말이다.

반면 어떤 기업의 면접 대기장에서 여성 인사 담당자가 짧은 미니스커트를 입고 돌아다니는 모습을 본 적이 있다. 물론 옷차림이 중요한 것은 아니지만, 면접이 끝나고 다른 지원자들과 대화를 나눌 때 그 사람의 옷차림이 허벅지가 거의 절반이나 드러난 모습에 대기하는 내내 불편했다는 말을 들었다. 이처럼 인사 담당자들의 일하는 모습이나, 지원자들을 맞이하는 준비를 보고도 그 회사를 평가할 수 있는 부분이 있다.

몇십 년을 함께할 회사를 보는 자리이니 만큼 일하는 사람들을 잘 살펴볼 필요가 있다. 한번은 마지못해서 '내가 왜 이런 단순 업무를 하고 있지'라는 표정으로 지원자들에게 줄 과자를 뜯고 있는 모습을 보면서 눈살을 찌푸린 적도 있다. 때로는 사소한 것에서 전체를 파악할 수도 있으니 회사의 전반적인 분위기를 파악하는 것도 회사를 선택하는 데 큰 도움이 될 수 있다.

K반도체 기업은 면접이 끝나고 근처 역으로 가는 회사 내 셔틀버스도 운영하고 있었다. 여러 가지 모습을 보면서 이곳에서 일하고 싶다는 생각이 들었고, 처음의 생각이 바뀌었다. 그러나 면접 결과는 불합격이었다. 자신이 일하고 싶은 기업이 나타났을 때, 기업도 본인과 일하고 싶다는 생각이 들도록 모든 방면에서 최선을 다하라.

• 자기소개서에 자신의 생각이 드러나야 한다 •

요즘 "자소설"이라는 말이 유행하고 있다. 진실만 담긴 자기소개서가 아닌 소설 같은 이야기가 섞여 있는 자기소개서를 지칭하는 말로 '자기소개서'와 '소설'의 합성어로 생겨난 신조어다. 사실 이러한 자기소개서는 지양해야 한다. 같은 경험이더라도 과장된 소설을 만들어 내는 것이 아니라 느낀 바를 다른 방식으로 적는다면 더 이상 '자소설'이 아닌 인사 담당자의 눈에 띄는 본인만의 에세이를 만들 수 있다.

방법은 간단하다. 실제 일어난 사실을 바탕으로 쓰되, 그 사실을 바라보는 각도를 조금 다르게 접근해서 적어 보라. 즉, 내가 경험한 일을 쓰고 그 일을 통해 얼마만큼 성장했는지 남과 다른 사고로 적어내고 면접장에서도 답변할 수 있다면 취업에 성공할 수 있을 것이다.

예를 들어, 같은 곳으로 어학연수를 다녀 온 A, B, C 세 명의 지원자가 있다고 가정해 보자. A씨는 어학연수를 갔다 왔다는 '사실'만을 썼다. B씨는 사고가 조금 트인 사람이어서 그 사실과 더불어 그 나라 문화의 다양성을 배우고, 타인을 존중하는 법을 배웠다는 느낀 점을 더 적었다. 마지막 C씨는 한국을 더 사랑하게 되었다는 이야기로 접근했다. 맹목적으로 미국을 한국보다 더 우위에 두고 있었는데, 실제 미국에서의 삶은 스스로 미국 문화를 우위로 생각하고 있었음을 깨닫게 되었고 반성하게 되었으며, 한국에 대한 애정과 문화

에 대한 관심을 갖게 되었다는 내용을 적은 것이다.

똑같은 경험으로 다른 이야기를 풀어 쓴 세 명의 지원자 중 인사 담당자는 어떤 지원자를 만나고 싶다는 생각이 들까? 아마도 다소 독특한 시각을 가진 C지원자일 것이다.

어느 순간부터 취업준비생 사이에서는 자소서가 자소설이라고 불리고 있다. 특이한 경험과 특이한 일들을 담아내라는 지침 때문에 자신의 이야기가 아닌 다른 사람들의 이야기를 판타지처럼 쓰고 있는 것이다.

인사 담당자가 바라는 자기소개서는 오직 한 명만이 경험할 수 있는 특별한 체험이 아니라 누구나 할 수 있는 체험이라도 오직 그 사람만이 느꼈던 생각과 사고를 담아내길 바라는 것이다. 이를 통해서 그 사람이 어떤 생각을 하는 사람이며, 얼마큼의 사고의 깊이를 갖고 살아가는지 가늠할 수 있기 때문이다.

'어학연수'라는 하나의 소재로도 다양한 이야기를 담아낼 수 있다. 어학연수를 간 국가나 기간에 대한 자랑이 아니라, 연수를 가기 위한 준비를 적거나 가기로 했던 계기 등 다양한 시각으로 접근해 보라. 급하게 작성을 하겠다는 생각보다는 차근차근 그때 일들을 회상하면서 공책에 나열해 보면, 나만의 스토리 소재가 보일 것이다.

『『 자기소개서 작성 TIP 』』

1. **잘 읽히는 자기소개서를 만들라.**

    자기소개서의 내용은 누구보다 자신이 잘 아는 이야기들로 채워지기 마련이다. 이 때문에 '이 정도 쓰면 남들도 무슨 내용인지 알겠지'라는 착각 속에서 뿌듯했다는 등의 간단한 내용만을 적거나, 앞뒤 문장이 전혀 맞지 않는 내용을 두서없이 쓰기도 한다. 심지어는 40~50대 인사 담당자들은 알지 못하는 최신 유행어 표현을 적는다.

    적어도 두세 번은 읽어 봐야 뜻이 이해되는 매끄럽지 못한 문장들은 서류 합격률을 현저히 떨어뜨리게 된다. 다소 부끄럽더라도 주위 사람들에게 읽어 보게 하고 반응을 살펴보라. 주변 사람들의 피드백을 통해 한눈에 잘 들어오고, 순식간에 읽히는 자기소개서를 만들 수 있다.

    그렇게 한 번의 첨삭을 거친 후에는 눈으로만 자기소개서를 훑어보지 말고 입으로 소리 내서 읽어 보라. 눈으로 봤을 때와는 달리 어색한 부분이 더 잘 느껴지고, 틀린 오타나 문구도 쉽게 찾을 수 있다.

2. **참신한 표현을 적으라.**

    "우리 오늘 서점에 가서 자기소개서 쓸까?"

    "웬 서점? 난 그냥 도서관 갈래."

    같이 취업을 준비하던 친한 친구에게 서점에 가서 자기소개서를 쓰자고 하면, 시끄럽기도 하고 집중이 안 된다며 한사코 도서관으로 향했다. 이처럼 각자에게는 자기소개서가 잘 쓰이는 곳이 있다. 서점이 나에게는 그런 장소였다. 자기소개서를 쓰다가 내용이 잘 생각나지 않거나, 심적으로 지칠 때는 손에 잡히는 책을 읽고 나면 어느새 다시 자기소개서가 순식간에 완성되고는 했기 때문이다.

서점에 가서 책을 펴서 읽다 보면, 누구에게나 공감이 가지만 색다른 표현으로 시선을 사로잡는 문구들이 있다. 그런 부분들을 워드에 작성해 놓고 저장해 두라. 추후에 자기소개서를 작성할 때 인용해서 사용할 수 있는 좋은 재료다. 궁극적으로 전달하고자 하는 의미는 다른 지원자가 말하려는 것과 같겠지만, 표현 면에서 눈에 띄는 자기소개서를 작성할 수 있다.

3. 합격 자기소개서는 절대로 베껴 쓰지 말라.

합격 자기소개서는 어디에서 얻었든지 간에 이미 여러 지원자가 읽고 인용했을 확률이 높다. '자기소개서를 비슷하게 가져다 쓴다고 해서 알겠어?'라는 안일한 생각이나 '나 하나쯤이야'라고 여기는 일은 상당히 위험하다.

그리고 자기소개서에 나오는 소재와 필체를 절대로 베끼지 말라. 단, 합격한 자기소개서를 보고 베껴도 되는 것이 있는데, 그것은 바로 글의 구성이다. 합격한 자기소개서의 한 가지 공통점은 한 번에 잘 읽힌다는 것이다. 이는 내용도 좋지만, 서론-본론-결론이라는 글의 구성과 짜임새가 좋기 때문이다.

합격한 자기소개서를 보면, 똑같이 쓰고 싶은 유혹에 사로잡힌다. 이 글의 소재를 조금만 손보면 색다른 자기소개서가 될 거라고 생각하는 것이다. 그러나 이는 본인뿐만 아니라 대한민국의 수많은 지원자가 공통적으로 하는 생각이다. 글의 구성만을 그대로 익혀서 자신만의 이야기를 담는 것이 중요하다.

4. 다른 사람들의 말을 전적으로 믿지 말라.

전문가나 주변 지인으로부터 자기소개서 첨삭을 받고나서, 빨간 줄이 그어진 곳이나 다른 문구로 바뀐 곳을 맹목적으로 바꾸지 말라. 자신이 읽어 보고 또다시 지인들(부모님이나 친척)에게 물어보고 의견을 반영해서 수정하라. 자신의 이야기는 자신이 더 잘 아는 부분도 있고, 문구들을 섞어 쓰다 보면 자신의 문제가 아닌 다른 사람의 문제가 묻어 나와 전체적으로 부자연스러워지기 때문이다.

다른 사람의 의견을 절반 정도 반영하되 자기 본연의 문체나 글의 흐름은 잃지 말아야 한다. 또한 자기소개서를 작성하기 전에 주변 사람들에게 듣는 기업 정보나 자료를 얻게 된다면 반드시 진위 여부를 판단하고 자기소개서에 써야 한다. 지원자들 사이에는 근거는 없지만 소문만 무성한 이야기가 많이 떠돌기 때문에 그러한 이야기들을 맹목적으로 적으면 오히려 자신의 이미지에 마이너스가 될 확률이 매우 높다.

④ 기업에 대한 애정과 합격률 간의 관계

• 자기소개서에는 정성과 진심이 담겨야 한다 •

자기소개서를 계속 제출해도 기업으로부터 합격 소식을 듣기 어려웠고, 초조한 마음에 Ctrl+C, Ctrl+V를 수없이 반복하며 같은 내용의 자기소개서를 이 기업 저 기업에 제출하기에 바빴다.

내 전공과는 거리도 멀고, 가서 무엇을 해야 할지 전혀 모르겠는 기업에도 마구 지원했다. 누군가에게는 꼭 입사하고픈 간절한 기업이기에 신중하고 정성스럽게 쓴 입사 지원서를 제출한 곳이었겠지만, 당시 내 경우에는 '이렇게 수없이 쓰다 보면 어디라도 붙겠지'라는 생각으로 지원했기에 자기소개서에 정성을 쏟지 않았다. 그래서 내 자기소개서에는 다소 과장되거나 뻔하고 식상한 내용들만 적혀 있었다.

그 당시에는 이렇게 써도 학교 명성 등이 서류 전형에 어느 정도 작용하리라고 착각했기 때문에 당연히 '합격이겠지'라는 생각으로 대충 작성해도 뽑힐 수 있으리라 여겼다. 결과는 당연히 탈락이었다. 그러던 중 기업을 향한 애정과 가고 싶은 마음은 크지 않았지만, 기존과는 다른 방법으로 자기소개서를 작성해서 서류 합격 통지를 받은 기업이 있다. 타 자기소개서에 적었던 내용을 그대로 붙여넣기 해서 사용하지 않았고, 어느 정도 기업에 대해 공부한 후 자기소개 서를 처음부터 다시 적어내려 간 것이 합격의 비결이었다.

선박을 이용해서 해외로 가는 물류 이송을 책임지는 H해운사가 바로 그곳이다. 기존에 터무니없이 적어 내려갔던 자기소개서와는 달리 어느 정도 기업에 대한 내용을 숙지하고 작성했다. 간절한 마음이 있었다기보다는 자기소개서를 계속 작성해 보니 어떻게 하면 붙을 수 있는지가 보였던 때여서 이를 확인해 보고 싶었던 마음이 컸다.

인터넷을 통해 신문 기사를 찾아보니 유학을 가는 사람들의 짐을 값싸고 단기간에 이송해 주는 서비스를 적극적으로 홍보하고 있음을 알았고, 이에 대한 내용을 인용해서 자기소개서를 적었다. 이에 전공과 관련이 없는 마케팅 직무에 지원했음에도 합격 소식을 들었다. 어느 기업의 자기소개서를 쓰든 간에 조금이라도 더 알고 쓰면 합격률이 높아짐을 다시 한 번 확인할 수 있었다.

계속 우려먹는 자기소개서에는 당연히 행운이 따르지 않는다. 자기소개서에도 정성과 진심이 담겨야 행운도 따른다는 사실을 명심하라.

• 제출한 자기소개서는 반드시 보관하라 •

작년 여름 방학 기간을 이용해서 8명의 취업준비생과 스터디를 준비한 적이 있다. 6월 말부터 시작한 스터디가 5개월째 접어들었을 무렵 어느새 3명이 합격하고 1명은 시험 준비로 빠지게 되었다. 그래서 단 4명이 남아 있었다. 스터디 조원들도 점차 지쳐 갔고, 2013년 하반기 금융권 채용도 막바지로 향하고 있을 무렵 P저축은행에서 채용 공고가 났다.

나는 마지막 지푸라기를 잡는 심정으로 이력서를 넣었다. 결과는 단 한 명의 조원만 합격 소식을 듣게 되었다. 남자라는 이유도 아니고, 높은 학점이나 상위권 대학을 졸업했기 때문이 아니었다. 바로 '간절함' 때문에 합격할 수 있었다. P저축은행의 채용 전형은 다소 독특했다. 이력서를 제출하되 두 가지 방법으로 제출할 수 있었다. 첫 번째 방법은 온라인상에서 제출, 또 다른 방법은 바로 오프라인 제출이었다.

본사에 가서 인사 담당자에게 직접 이력서를 내는 것이다. 누구라도 온라인에서의 클릭 한 번으로 제출하는 것과 정장을 차려입고 먼 길을 찾아가 제출하는 것 중 후자가 합격률이 높다고 생각할 것이다.

그럼에도 대부분의 지원자는 단지 P저축은행에 입사하는 것이 간절할 정도는 되지 않아, 본인이 직접 가든 안가든 합격에 당락이 없을 거라고 스스로 핑계를 대며 가지 않는 것이다. 합격한 한 명은 아침부터 일찍 일어나 드라이를 맡긴 정장을 찾아서 입고, 깨끗한 파일에 이력서를 넣어서 지점을 방문했다. 이력서를 인사 담당자에게 건네니, 무척 호의적으로 맞이해 주었다고 한다.

"오는데 힘들지는 않았는지"라는 배려 깊은 질문에서부터 이력서를 얼핏 훑어보고는 관련된 질문까지 하면서 꽤나 많은 대화를 나눴다고 한다. 이력서를 제출한 당일 문자메시지로 제출 여부를 묻다가 그 조원은 본인이 직접 냈다는 이야기를 듣고 붙을 것 같다는 생각이 들면서 나도 다소 귀찮더라도 '직접 가서 냈었어야 하는데'라는 후회가 밀려왔다.

역시나 일주일 뒤에 합격 통보를 받은 건 그 친구뿐이었다. 차나 음료를 만드는 D식품기업도 몇 해 전까지 직접 이력서를 제출하는 기업 중의 하나로 유명했다. 다소 귀찮기도 해서 제출자 수는 낮지만, 그만큼 그 기업에 입사하고 싶은 간절함이 보이는 지원자들을 뽑을 수 있다는 장점 덕분에 기업의 입장에서 선호할 수 있겠다는 생각이 든다.

만약 대한민국의 모든 기업이 직접 서류를 제출해야 하는 형태로 바뀐다면 취업 시장의 모습은 많이 달라질 것이다. 마구잡이로 지원서를 제출하는 일도 사라질지 모른다. 그만큼의 시간과 돈을 들여서 제출 장소를 찾아가야 하기 때문이다.

물론 직접 제출한다고 해서 100퍼센트 합격하는 것은 아니다. 하지만 직접 자기소개서를 제출했던 B씨와 그와 동등한 경험을 했지만 온라인상으로 제출한 A씨가 있을 때, 의지 하나로 찾아온 B씨에게 더 끌리는 법이다.

이처럼 자기소개서에 대한 합격률은 지원자의 애정과 비례한다. 서류를 제출한 뒤에 합격 소식을 듣고 인성면접에 대비하기 위해 저장해 두었던 자기소개서를 찾아본 적이 있는가? 샅샅이 뒤져 봤지만, 저장하지 않았던 기억이 번쩍 스치면서 난감했던 적이 있을 것이다.

자신의 자식처럼 애정을 쏟고 열의를 다해 적은 자기소개서는 꼭 워드나 한글에 붙여넣기를 해 두거나 스크린 화면을 찍어 두기 마련이다. 반면, 붙어도 그만 안 붙어도 그만이라는 생각으로 지원한 경우나 혹은 아무리 이력서를 넣어도 합격 소식을 듣기가 어려울 정도로 합격에 무감각해지면 그냥 막 적어서 내기에 바빠 따로 저장을 하지 않는 경우가 생긴다.

그러나 합격률을 높이기 위해서는 이러한 태도부터 바꿔야 한다. 자기소개서는 적어도 10일의 시간을 두고 작성하라. 3일 정도 큰 틀을 잡고 4일 내내 쓰고 싶을 때만 짬짬이 써서 최상의 컨디션일 때만 작성하고, 나머지 3일은 계속 반복해서 읽어 보면서 어색한 부분이나 식상한 부분을 수정하는 것이 좋다.

물론 자기소개서를 대충 작성해서 '설마 붙겠어?'라는 생각으로 저장도 안 하고 제출한 곳에서 합격 소식을 듣는 경우도 있다. 딱 한 번 그런 적이 있었다. S은행에 지원했을 때 40분 정도 걸려서 작성한 이력서를 제출했기 때문에 붙을 리가 없다고 여겼는데 합격 소식을 들은 것이다. 그런데 문제는 다음 전형인 인성면접을 준비해야 하는데 저장해 둔 자기소개서가 없는 것이었다. 결국 무슨 이야기를 썼는지도 모른 채 준비했던 면접은 실패로 끝났다.

분명 자기소개서에 쓴 내용 중에서 흥미를 느낀 부분에 대해 질문을 받을 텐데 정작 그 내용을 숙지하지 못하고 간 것이다. 아니나 다를까 소매금융에 관심이 있다고 적어 놓은 부분과 제목이 무슨 의미냐는

소매금융에 관심이 있다고
적었던데 소매금융에 대해서
구체적으로 설명해 보세요

아, 네……
그러니까 그게……

'내가 그런 것도
적었었나??'

이력서

질문을 받았지만 내가 쓴 내용이 생각이 나지 않았고, 당황한 나머지 말을 더듬고 말았다. 정확한 내용을 모르니 질문에 대한 답변 또한 얼핏 기억나는 애매모호한 이야기들 밖에 할 수 없었다.

• 무례함은 인사 담당자의 기억에 남게 마련이다 •

취업 준비를 하면서 합격할 것 같다는 느낌이 오는 두 가지 경우가 있다. 열정과 정성으로 준비할 수 있는 건 다 해서 채용 전형 과정에 임했다는 생각이 들 때와 기업의 명성을 낮게 평가해 그 기업을 만만하게 볼 때다.

M기업 채용 과정에 임하면서 나는 후자와 같은 생각에 합격하리라는 착각에 빠져 있었다. '내가 아니면 누가 뽑히겠어?'라는 자만심을 가졌다.

한편, M기업의 서류 합격 바로 직전에 인적성을 봤던 C기업은 서류를 합격하면 단 한 번의 면접으로 당락이 결정되는 회사로 유명했다. 그만큼 인적성에서 다수의 지원자가 탈락하는 기업이다. 후기를 보면 인적성 문제로 100개가 나왔다고 가정했을 때, 90개 가까이 문제를 풀었는데도 떨어지고 70개도 못 풀었는데 붙었다는 말이 나올 만큼 문제를 푸는 양보다는 정확도가 요구되는 곳이었다.

인적성 시험장에 들어가면, 안내 방송으로 '시작'이라는 멘트가 나온다. 그 후에는 언어, 수리, 도형, 추리 영역을 차례로 풀면서 각

영역마다 6~7분 후 '그만'이라는 말이 나오면 바로 다음 영역으로 넘어가야 하기 때문에 긴장이 된다. 이 때문에 쉬운 문제도 잘 풀리지 않아 당황하게 되는 유형이다. 성우 목소리에 긴장하지 말고 의연하게 문제를 풀고, 평소 연습만 많이 했다면 합격률이 높아질 것이다.

시간에 맞춰서 문제도 풀어 보고 스터디도 했지만, 시험 당일 극도의 긴장으로 인해 대부분의 문제를 풀지 못했고, 그로 인해 C기업의 인적성 전형에서 탈락했다. 그 후 다시는 인적성에서는 떨어지지 않으리라는 마음으로 칼을 갈았다. 그런 마음가짐으로 M기업에 지원한 후에는 서류 합격 발표가 나기 이전부터 아예 인적성 대비 강의를 신청해서 수강했다.

M기업은 기존 채용과는 다소 다르게 지역 단위로 거주민들만 지원할 수 있는 채용 조건이 있어서 경쟁률이 높지 않았다. 최종 지원서를 제출한 순서대로 순차적으로 수험번호가 주어졌고, 입사 원서를 마감시간 10분 남겨두고 제출했던 나의 수험번호가 008이었던 걸 보면, 많아야 10명이 지원했을 것이다.

경영학·회계학·민법 중 한 과목을 선택하고, 그 과목의 문제와 일반상식 문제를 합치면 총 100문제를 풀어야 했다. 그나마 학부 시절 접해 본 경영학을 선택했다. 과목에 대한 기초 이론과 기출문제를 풀어 볼 수 있는 온라인 강의까지 신청했고, 당연히 합격하리라는 생각뿐이었다. 그리고 실제 시험장에서도 별표를 쳐 둔 10개 정도의 문제를 제외하고는 답에 대한 90퍼센트의 확신을 갖고 풀었다.

때문에 시험을 보고 난 후의 느낌이 좋았고, 지원자가 10명이었다고 가정했을 때 못해도 3등 정도는 했을 점수라고 생각했다. 그래서 자신감을 갖고 다음 전형인 면접 연습 스터디를 시작했다. 하지만 결과는 불합격이었다. 믿기지 않는 사실에 강의를 같이 들었던 친구들에게 메시지를 보냈더니 더욱 놀라운 것은 나를 제외하고 모두 합격한 것이었다.

그 당시 작은 단위의 채용에는 내정자가 있다는 소문도 있었는데, 그것 때문에 내가 떨어진 거라는 생각에 울분을 토할 정도였다. 인적성 합격을 확신했던 나는 급기야 인사팀에 전화를 걸었다. 내가 시험에서 몇 점의 점수를 받았고, 몇 명까지 합격했는지를 알 수 있냐고 물어봤지만, 내부 규정상 알려 줄 수 없다는 대답만 들었다.

종종 채용 전형에 있어 궁금증이 생겨서 인사팀에게 전화할 일이 생기게 된다. 억울한 일로 혹은 급박한 일로 전화를 할 때 공손한 자세를 잊지 말라. 심지어 인사팀이 무슨 실수를 했더라도 예의를 갖춰야 한다. "분명 접수 버튼을 눌렀는데 오류가 났다 책임져라", "몇 명 뽑냐? 왜 그렇게 조금밖에 안 뽑냐?" 등의 버릇없는 모습은 인사 담당자들이 일일이 메모하며 체크를 하지 않더라도 목소리와 이름 정도는 기억할 것이다. 이후 나쁜 이미지가 형성된다면 채용 전형에서 득이 될 것이 하나도 없다.

실제로 W은행 인사팀에서 아르바이트를 할 당시, 모 대학교 홈페이지에 아르바이트 공고문을 올린 이야기를 들은 적이 있다. 인사 담당자는 아르바이트를 구한다는 글 밑에 '왜 이렇게 적게 뽑냐?'는 불만 섞인 말투로 댓글을 달아 기억에 남는 학생이 있는데 추후에 공채에 지원한다면 뽑고 싶지 않다고 말했다. 심지어 이름과 학교까지 기억하고 있었다.

사람이 사람을 뽑는다는 일은 종합적인 평가가 이루어지기 마련이다. 때문에 기업을 만만하게 본다든가 하는 등의 무례한 행동은 피하고 최대한 예의를 갖추어야 한다. 한 줄의 댓글에도 그 사람의 인성은 드러나기 마련이다.

⑤ 작은 부분의 완성도가 합격을 부른다

•낮은 학점에도 서류 합격률이 높았던 비결•

자기소개서를 수백 개씩 작성하다 보면, 붙을 확률이 높아지는 일정한 글의 구성과 자신만의 노하우가 생긴다. 금융권을 준비하던 내가 유난히 패션유통 계열의 서류 합격률이 높았던 이유는 관심이 있었던 업종이었기 때문이다. 그러한 관심은 자기소개서 하나하나에 공을 들이게 되고, 자료나 회사에 대한 소식을 하나라도 더 접하고자 발로 뛰게 했다. 이러한 선행 작업이 이루어지고 난 후에는 같은 소재라 하더라도 서류 전형에서의 합격률이 달라진다.

자기소개서를 잘 쓴 정도에 따라 지원자를 다음과 같이 세 가지

분류로 나눠 볼 수 있다.

첫째, 자기소개서 하수다.

자기소개서에 넣을 내용을 찾기 위해 하는 일은 자신이 살아온 지난날을 회상하는 게 전부인 지원자들이다. 또한 기업에 대해 아는 것은 지나가던 친구나 선배들이 얼핏 말해 주었던 근거 없는 이야기들뿐이다. 하수들은 우연히 검색사이트에 뜬 인기 검색어를 눌렀다가 보게 된 회사에 대한 피상적인 내용을 사실 확인 없이 자기소개서에 적어 내려간다.

이러한 이야기들은 100명의 지원자가 한 회사에 지원한다고 가정했을 때, 80명 가까이 적을 수 있는 내용이다. 누구나 쉽게 접할 수 있고 이미 인사 담당자들이 첫 단어만 봐도 어떤 글인지 알 수 있을 정도의 뻔한 내용이기 때문에 서류 탈락에 한 발짝 더 다가서게 될 것이다.

둘째, 자기소개서 중수다.

하수들보다는 다소 노력을 하지만, 고수에 미치지 못하는 지원자들이다. 즉, 기업 홈페이지를 찾아봐야 한다는 이야기를 듣고 직접 찾기는 한다. 게시판에 있는 회사 뉴스를 보고 인재상을 찾고 최근에 회사에서 하고 있는 사업이 무엇인지까지 확인해서 있는 그대로 자기소개서에 적는다. 일부 이런 정보들을 자신의 문체로 소화해서 쓰는 사람은 그나마 중수 중에서도 상중수이지만, 있는 문구 그대로 적는 지원자들은 하수에 가까운 중수다.

중수인 지원자들은 1차로 자기소개서를 작성한 후에 취업 컨설팅을 해 주는 강사를 찾아가 비용을 내고 검수를 맡긴다. 그냥 제출하기엔 무언가 허전하고 불안한 마음에 자기소개서를 다량으로 합격시켰다는 전문가에게 맡긴 후에 수정을 거치고 나서야 최종적으로 제출하는 것이다.

나도 두 번 정도 일정 비용을 지불하고 첨삭을 받아서 자기소개서를 제출했지만 모두 탈락했다. 이처럼 100퍼센트 합격을 보장하는 것이 아니기 때문에 너무 무리한 돈을 지불하면서까지 첨삭을 받는 것은 지양하라.

자기소개서를 한 번도 써 본적이 없고 앞뒤 문맥이 매끄럽지 못할 정도로 글 쓰는 데 자신이 없는 사람은 기본 첨삭만 받는 것이 좋다. 해커스잡(www.hackersjob.com)이라는 취업정보 사이트에서도 간단한 첨삭을 무료로 해 주고 있다. 자기소개서를 쓰기가 막막한 사람은 도움을 받을 수 있을 것이다.

마지막은 자기소개서 고수다.

자기소개서 작성 고수들은 누구나 알고 있는 기업 정보는 정보가 아니라고 생각하며, 오히려 이런 정보는 자기소개서에 쓰지 않는다. 누구나 알 수 있는 뻔한 이야기가 들어 있는 자기소개서는 인사 담당자들의 흥미를 끄는 데 방해가 된다는 것을 알기 때문이다.

고수들은 기업과 관련된 내용을 다룬 출판 서적들을 찾아보고,

그 기업이 직·간접적으로 후원하고 있는 연관 기업들에 관한 소식들을 알아본다. 인터넷에서 기업명을 검색해서 책을 찾아보면 설립 기념으로 출간된 책이나 기업의 CEO들이 쓴 책이 있다. 또 대기업의 경우는 기업의 성공 스토리를 담고 있는 책도 많이 나와 있다. 그 책들을 반드시 읽고 자기소개서를 작성하라. 그렇게 하면 하나뿐인 자기소개서를 작성할 수 있다. 책 이름을 검색했을 때 책 제목은 나오지 않지만 간혹 회사에 대한 짧은 스토리가 실려 있는 책도 있다. 그런 책들도 샅샅이 찾아보면 다른 지원자들은 알 수 없는 정보를 얻게 되고, 나아가 회사 인사 담당자들이 보았을 때 자신의 회사에 얼마나 많은 관심과 애정을 갖고 있는지 느끼게 해 주는 내용을 쓸 수 있다.

또 규모가 큰 기업의 경우는 장애우들이 만드는 제품이나 여성 CEO 회사의 제품을 구매해서 사용하는 업체가 많다. 그런 기업들에 대한 내용을 적으면 앞으로 회사의 일원으로서 후원사에 대한 내용을 면밀히 알고 있음을 어필하는 것이므로 싫어할 인사 담당자는 없을 것이다.

실제로 I은행의 경우 중소기업의 물건을 사용하기로 유명한데, I은행의 후원사 중 한 곳인 정수기 회사에 대한 이야기를 자기소개서에 접목시켜 합격한 사례가 있었다.

첨삭의 경우도 중수가 컨설턴트에게 맡길 때, 고수는 그 기업에 입사한 선배에게 부탁한다. 하루에도 수백 개 씩 자기소개서를 검토하는 컨설팅 업체의 첨삭 지도 강사들은 비슷한 패턴의 자기소개서

남과 똑같은 자기소개서는 결코 합격을 보장해 주지 않는다.

를 읽으며 큰 흐름은 잡아줄 수는 있어도 지원한 회사에 관한 내용의 진위 여부는 가려내지 못한다는 한계가 있다.

갓 입사한 신입사원보다는 기업 내부 소식에 대해서 어느 정도 알고 있고, 최근 동향도 꾸준히 파악하고 있는 1~2년차 직장인이 적합하다. 이런 선배들에게 자기소개서 첨삭을 맡겨야 보다 정확하고 신뢰감 있는 자기소개서 내용을 작성할 수 있다.

첨삭을 위해 S은행에 재직하고 있는 2년차 선배를 찾아간 적이 있다. 기업 동향에 대해 알기 위해 찾아간 선배에게서 지원자들은 알 수 없는 회사의 내부적인 이야기들을 듣고 왔다. 고객 서비스를 나타내는 CS가 중요해지면서 고객 우선의 정책들을 세우고 있고,

현 상황에서도 CS관련 직무교육이나 회의를 여러 차례 열고 있다는 구체적인 이야기를 듣고 온 것이다. 홈페이지에 가면 '고객지향'이라는 네 글자가 전부였겠지만, 선배에게서 (왜 CS에 집중하고 있으며) S은행만의 특화된 업무 정책이 있는지 등에 대해 자세히 들을 수 있었다.

깊이 있는 이야기들을 듣고 나니, 자기소개서 항목 중 하나인 S은행의 10년 후 모습을 그려 보라는 질문에도 CS를 바탕으로 한 현실성 있는 내용들을 자기소개서에 쓸 수 있었다.

하루에도 수도 없이 반복적으로 자기소개서를 읽는 인사 담당자로서는 어제 읽은 것 같은 내용의 자기소개서는 읽기 싫은 게 당연하다. 이미 읽은 듯한 뻔하고 진부한 자기소개서에서 탈피하기 위해서는 발품을 팔고, 다른 지원자들이 하지 않는 작은 노력들을 해보라.

• 교내활동 한줄 작성에도 전략이 필요하다 •

이력서 정렬 순서에도 합격선에 들어가느냐 마느냐가 결정될 수 있다. 일단은 가장 최근 경험을 맨 위에서부터 적어 내려가고, 한 줄을 적더라도 내용은 식상하지 않게 적어야 한다.

대학교 학생회에서 총무를 했던 똑같은 경험을 다음 두 가지 방법으로 적어 보겠다.

궁극적인 내용은 같지만, 기업에서 자주 사용하는 언어로 바꾼 아래쪽 이력이 더 눈에 들어올 것이다. 이처럼 회사에서 쓰는 언어나 전문적인 언어로만 바꿔줘도 업그레이드된 이력서를 작성할 수 있다.

인사 담당자들은 이미 어느 정도 회사 일을 한 경력자들이기 때문에 학생들이 쓰는 언어보다는 고급스럽고 세련된 단어에 끌리게 된다. 또한 아래 예시처럼 기간 옆에 1년이라는 단어를 명시해 주면, 인사 담당자가 한눈에 기간을 파악하게 되어 읽기 편한 이력서를 만들 수 있다.

이력사항을 적는 칸이 제한된 기업도 있고, 모든 내용을 적을 수 있도록 한 기업도 있다. 전자의 경우는 다른 지원자들이 경험하지 못했을 법한 이색적인 경험 위주로 적도록 하라. 그래야 인사 담당자들의 눈에 띄는 이력사항을 만들 수 있다. 후자의 경우는 길이에 상관없이 최대한 경험했던 내용들을 모두 적으라.

일부 기업의 자기소개서 중에 수상 내역을 적는 칸이 있다. 이때도 공모전 명칭과 더불어 간단한 부연 설명 및 그 결과에 해당하는 수상 내역을 적어서 한 번에 일목요연하게 정리할 수 있도록 해야 한다.

[수상내역]

수상일 : 2014. 09. 01 I은행 스마트 뱅킹 공모전

수상일 : 2014. 09. 01 I은행 스마트 뱅킹 네이밍 공모전 우수상
(IBK ONE)

수상 일시도 정확하게 언급하고, 수상 결과와 제출했던 브랜드 네이밍까지 상세히 적어 준다면 같은 수상 내용이라도 더 신뢰가 가고 지원자를 만나 물어보고 싶은 게 많아지는 이력서를 만들 수 있다.

66 취업 준비하며 돈도 벌고, 자기소개서에 적기 유용한 아르바이트 99

증권사 리서치 설문조사 아르바이트

2009년 여름, 집에서 빈둥거리며 놀고 있던 나에게 친언니가 200장도 넘어 보이는 서류를 건네주었다.

"이게 뭐야?"

"설문지 아르바이트."

"어떻게 하는 건데?"

"그냥 금융회사가 많이 몰려 있는 곳에 가서 돌리고 받아오면 돼. 이거 1장당 500원 이고, 200장만 하면 10만 원 받을 수 있어."

"오 대박"이라는 말과 함께 바로 100장의 서류를 들고 햇볕이 쨍쨍 내리쬐는 여의 도로 달려갔다. 첫 장을 들고 자신 있게 지나가던 금융회사 직원에게 서류를 들이밀었다.

"지금 아르바이트 하는 중인데요, 이거 한 장만 작성해 주실 수 있으세요?"

"싫.은.데.요?"

생각했던 것과는 정반대로 사람들의 호응은 저조했고, 게다가 몇몇은 저리 가라며 귀찮아 하는 회사원들도 있었다. 상처도 받고, 움츠려들다가도 어느 순간 설문지를 해 주는 고마운 사람들을 만나면 또 용기를 갖고 다른 사람들에게 다가가기를 반복했다. 우 여곡절 끝에 거의 4시간을 돌아다니며 100장을 받아냈다. 언니에게 가져다주니 남아 있 던 100장을 다시 안겨 줬다. 목표량을 채워 주니 쉬운 줄 안 언니는 이후에도 몇 개월간 서류를 안겨 주었다.

솔직히 이 아르바이트는 자기소개서에 적기 위해서 할 생각이라면 괜찮지만, 단단 히 마음먹고 시작할 필요가 있다.

아르바이트 이후에 그 경험을 자기소개서에 적은 적이 있는데, '리서치를 통해 증권 분석의 기본을 배웠다'는 내용에서부터 '상대방으로부터 내가 바라는 것을 얻기 위해서는 다가가는 방법을 달리해야 한다는 것을 배웠다' 등등 여러 이야기를 풀어낼 수 있는 소재가 되었다.

웨딩홀 안내데스크 도우미

"언니 요즘 뭐하고 지내?"

대학원을 준비하는 대학 동기가 문자를 보냈다. 바쁘지 않으면 이번 주말에 하는 아르바이트를 함께하자는 것이었다. 결혼을 앞두고 있는 예비 신혼부부들이 초대된 박람회장에서 복도에 서 있다가 방문객들을 안쪽 박람회장으로 안내하는 일이라고 했다. 다소 특이해 보이는 경험이겠다 싶어서 같이 신청하게 되었다.

단 이틀 동안 하는 아르바이트였지만, 직원의 마음가짐 하나로 그 기업의 인식을 바꾼다는 생각을 갖고 박람회장을 찾은 고객들에게 내내 친절함을 잃지 않았다. 종아리는 퉁퉁 붓고, 발가락은 말할 수 없이 아팠지만 서비스직의 고뇌를 몸소 체험할 수 있었다.

아르바이트 동기 중에는 몇 개월 전 취직이 되어서 현재 입사 전까지 아르바이트를 하고 있다는 사람을 만난 적이 있다. 당시 나이는 28세였고, 신입으로 외국계 항공사 스튜어디스 시험에 최종 합격해서 자유를 만끽하고 있다는 말을 들었다. 이처럼 언젠가는 모두가 빛을 보는 날이 있기에 그날을 떠올리며 오늘도 알차게 하루를 살기를 바란다.

안내 아르바이트는 은행이나 백화점 등 서비스직에서 일할 사람이라면 경험해 볼만하다고 생각한다. 물론 하는 일은 다르지만, 늘 밝은 얼굴로 고객을 마주하는 일이 적성에 맞는지를 알 수 있는 아르바이트가 될 것이다.

규모가 큰 연말정산 아르바이트

은행에 입행하고 싶은 마음에 관련 아르바이트도 지원해 보았다.

연이은 서류 탈락을 하다 보면, 공채 시즌이 지날 때마다 맞이하게 되는 방학 횟수가 많아진다. 그 시간을 허비하고 싶지 않다는 생각에 택한 것이 금융회사에서 모집하는 아르바이트였다.

기존에 연말정산 아르바이트를 한 적이 있어서 더 수월하게 할 수 있으리라 생각해 지원했다. 소득 공제를 받기 위해서 직원들이 제출한 소득신고 서류와 증빙 서류의 금액을 확인하는 업무였다. 무엇보다 인사팀 직원들과 함께 일했기 때문에 채용에 대해서도 궁금증을 해소할 수 있는 기회였다.

🎀 학습지 오타 혹은 타이핑 아르바이트

아르바이트의 검색왕 친언니가 어느 날은 100장 넘는 문서를 넌지시 넘겨주었다.

"뭔데, 또 설문지?"

예상과는 달리 이번엔 수기로 적힌 시험 문제들을 워드에 그대로 옮겨 타이핑하는 것이었다. 오타가 나와서도 안 되고 내용을 누락해서도 안 되지만, 입력만 해서 넘겨주면 장당 돈을 받을 수 있는 아르바이트였다.

기한이 존재했기 때문에 하루라도 밀린 날에는 졸린 눈을 비비며 마감일까지 할당량을 타이핑했던 적도 많다. 틀린 오자는 반복해서 나오고, 결국은 몇 주를 하다가 그만했던 아르바이트다.

결론적으로 용돈을 벌어야 하는데 시간이 없는 취업준비생에게 추천하고 싶다. 이력서를 제출하기 위해 대부분의 시간을 컴퓨터 앞에서 보내야 하지만 자기소개서만 작성하기에는 잘 쓰이지 않거나 유독 쓰기 싫은 날이 있을 것이다. 이런 날은 잠시 동안 이력서는 내려놓고 쉬는 시간을 이용해 틈틈이 적으면 유용하게 시간을 활용하는 방법이될 것이다.

⑥ 똑같은 지원자, 다른 상황

• 같은 기업에서 불합격과 합격을 차례로 맛보다 •

3년간의 취업 기간 중 유일하게 외국계 Z은행에서 동일한 면접 전형의 기회를 두 번 얻었다. 두 번 서류를 제출했고, 첫 번째 기회에서는 서류 합격 후 인적성까지 통과했지만 1차 면접에서 탈락했다. 두 번째 기회에서는 기존에 인적성 통과 자료가 남아 있어서 서류 통과 후 곧바로 인성면접을 보게 되었고, 그 결과 최종 합격했다.

서류는 영어로 작성하는 것이 원칙이었다. 상대적으로 자기소개서 항목이 적어서 쉽게 생각하고 적어 내려갔었다. 하지만 '8개의 자격증이 있다'라는 영어 표현을 잘못 썼다가 면접 당시에 이런 영어 표현은 처음 본다면서 면접관에게 핀잔을 들었다.

첫 번째 기회는 공채였다. 서류 합격 후 개별적으로 합격 통보 전화를 받았다. 4일 뒤 인적성 검사 시험을 봤다. 주말 내내 온종일 문제집을 붙들고 있었기에 합격할 수 있었다. 그렇게 일주일 후 Z은행 본사에서 면접을 보게 되었다. 같은 시간대에 들어간 지원자는 총 4명이였고, 면접관은 2명이였다.

한 지원자는 K대학원에 재학 중인 수재였고, 나머지 2명도 이미 외국계 회사에서 일을 한 경력이 있는 실력자들이었다. 다른 사람들이 1분 자기소개를 할 동안 '나는 떨어졌구나'라는 생각에 자신감도 하락했다. 하나를 물어봐도 제대로 답변도 하지 못했다. 심지어 은행을 몇 군데 지원했냐는 말에 "별로 공채가 뜬 곳이 없어서 적게 지원했다"는 대답을 하게 되었다. 마치 내가 그 은행 면접에 온 이유는 다른 은행이 몇 개 뜨지 않아서 왔다는 말로 들렸는지 "요즘 그만큼 뜬 거면 많이 뜬 건데?"라는 말을 들었다. 그렇게 한 차례 탈락 통지를 받게 되었다.

Z은행의 경우는 지원자들의 DB를 보관하고 있기 때문에 상시적으로 자리가 날 때 연락을 한다. 이를 알고 있었지만 실제 연락이 올 줄은 몰랐다. 면접 탈락 5개월 후 Z은행에서 전화가 왔다. 이미 인적성에 합격했던 이력이 있어서 연락을 했고, 공석에 인원 충원 중인데 바로 면접에 참가할 의향이 있냐고 물었다.

일단 알겠다고 대답하고 면접을 보러 갔다. 전에 한 번 본 적이 있었기 때문에 기업에 대한 정보는 어느 정도 알고 있었다. 그래서 준비 없이 마음을 편하게 먹고 갔다. 설마 두 번째인데 또 떨어질까라는 거만한 생각도 있었다. 또한 공채 결과(지금 다니고 있는 회사의 결과)를 기다리고 있었기 때문에 내가 여기에서 떨어져도 거기 붙으면 그만이라고 생각했다.

가벼운 마음으로 임한 덕분에 '나'라는 사람에 대해 허심탄회하고 위트 있게 소개할 수 있었다. 또 최대한 밝은 표정으로 알고 싶어 하는 부분에 대해 말했다. 그리고 최종 합격의 소식을 들을 수 있었다.

두 번의 기회 그리고 똑같은 지원자였지만 결과는 달랐다. 합격 통지를 받았지만, 지금 다니고 있는 회사에 합격한 상황이어서 가지 않았다. 그렇게 원했던 은행을 포기했던 이유는 Z은행의 한국 지점들이 줄어들고 있고, 기업금융에 있어서도 불안하다고 생각했고, 지금 다니고 있는 회사가 준공기업이기에 추후 복지나 정년 면에서도 혜택이 크다고 판단했기 때문이다.

면접 분위기를 어떻게 이끌어 가느냐가 탈락 여부를 결정한다. 제출한 서류는 당신을 대변할 수 없다. 옆 사람들에게 기죽지 말고, 본인이 면접장에서는 가장 빛나고 있다고 주문을 걸어 보라. 처음의 자신감을 끝까지 유지하는 것, 이것이 바로 최종 합격의 비결이다.

묻거나 따지지 않고 무조건 탈락, 필터링의 진실

"이전에 서류에서 탈락했는데 재지원해도 되나요?"

"학점이 3.1인데 지원하면 보나마나 불합격이겠죠?"

취업준비생들이 이렇게 묻는 이유는 '필터링'이라는 게 있기 때문이다. 지원했다가 탈락한 흔적이 있거나 혹은 학교가 명성이 없다는 등 암묵적인 조건에 충족하지 못하면 다른 게 완벽하더라도 묻거나 따지지 않고 탈락함을 지칭하는 게 바로 '필터링'이다.

결론은 '취업준비생들이 상상하는 것만큼 실제 기업에서의 필터링이 거의 없다'는 것이다. 취업 스터디를 진행하면서 같은 기업에 네 번이나 지원해서 네 번 모두 서류에 합격했던 지원자를 만난 적이 있다. 처음엔 서류 합격 후 인적성에서 탈락, 두 번째는 서류 합격 후 1차 면접에서 탈락, 세 번째는 서류 합격 후 2차 최종 면접에서 탈락한 경우다. 마지막 4번째는 같은 기업 다른 전형(무기 계약직)에 지원했고 최종 합격해 현재 재직 중이다. 학점도 좋은 편이 아니었고, 학교도 서울 하위권(높은 수능 성적을 요하지 않는) 여대였다. 이는 무조건 탈락하는 필터링이 없음을 일부 증명해 준 셈이다.

필터링이 '전혀 없다'가 아니라 '거의 없다'고 말한 이유가 있다. 총 열두 번 정도 스터디를 진행하는 동안 최종(마지막 전형) 면접에서 탈락했던 친구들은 동일 기업에 다시 지원하면 서류 합격 소식을 들은 적이 없었다고 말했기 때문이다. 물론 예외도 있겠지만, 합격할 확률이 적은 것을 보면서 최종까지 올라가 면접관들이 어느

취업준비생 사이에서 떠도는 근거 없는 소문은
취업 준비에 전혀 도움이 되지 않는다!

정도 안면을 익힌 후 탈락했던 지원자들에게는 기회가 거의 없음을
알 수 있다.

　나 또한 2차 면접까지 갔던 기업들을 다음 시즌에 다시 지원해서
서류 전형에 합격했던 기업은 없었다. 반면, 아예 서류조차 안 되었
던 기업으로부터 네 번 만에 서류 합격 통보를 받았던 기업도 있었
다. V기업이 바로 그곳이다. 네 차례의 이력서 제출 끝에 인적성 기
회를 얻을 수 있었다. 이처럼 7전 8기의 정신으로 서류 합격의 영광
을 얻은 기업이 있다는 것은 '서류 탈락 이력 때문에 필터링이 반드
시 존재한다는 것이 아님'을 알 수 있다.

　서류 탈락은 필터링할 이유가 전혀 없다고 생각한다. 단, 면전에

서 면접을 봤던 기회가 있었던 지원자에게 다시 기회가 주어질 확률은 적다. 기존에 만나봤던 지원자보다는 새로운 지원자를 만나고 싶어 하는 것은 당연한 일일 것이다. 때문에 지금 면접 기회가 온다면, 그 기회가 처음이자 마지막이라 여기며 그 순간 최선을 다해야 한다.

은행을 준비하는 학생들이 합격하기 어려울 거라고 손꼽는 기업 중 하나가 S은행이다. 공기업 이미지가 강하고 타 은행보다 채용 인원이 적다 보니 스펙 좋은 사람들만 서류에 합격할 것이라고 미리 단정 짓는다. 그래서 이력서조차 제출하지 않는 지원자들도 있다. 필터링될 거라고 생각하기 때문이다.

그렇게 따진다면 나는 서류를 넣을 곳이 없었다. 학점은 3.28에 불과했기 때문이다. 그래서 남들이 쉽사리 넣지 못하는 B은행에도 서류를 넣었다. 결과는 합격이었다. 자기소개서도 40분 만에 작성해 제출했는데 예상외의 결과였다. B은행 마감 당일 아침에 평소 가고 싶었던 기업의 취업설명회가 있었다. 취업설명회에 참석해 인사 담당자들의 눈에 한 번이라도 띄는 게 도움이 될 것 같아 제출을 포기하고 있었다.

하지만 예상보다 설명회가 일찍 끝났고 지원 마감까지 1시간 정도가 남아 있었다. 이력사항까지 기입하고 가까스로 제출할 수 있었다. 급하게 쓰기도 했고, 스펙이 어마어마한 사람들이 몰린다는 말에 넣고도 잊고 있었는데, 2주 뒤에 서류 전형 합격 소식을 듣게 되었다.

"필터링 된다"는 근거 없는 소문 때문에 B은행의 지원서 제출을 포기하지 말라. 나중에 본인보다 더 낮은 학점이나 인지도가 낮은 학교 출신의 지원자가 합격했다는 소식을 듣고 나서 후회해도 소용 없다. 취업준비생들 사이에 돌고 도는 소문에 귀 기울일 그 시간에 자기소개서를 하나라도 더 작성하면 어떨까?

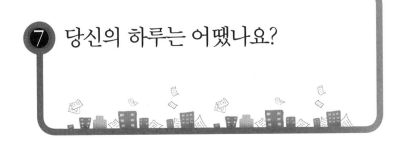

7 당신의 하루는 어땠나요?

• **취업준비생의 일과표** •

며칠 전 취업준비생인 친한 동생을 만났다. 직장에서 하는 일, 인적성 준비할 때 샀던 책 등 궁금한 게 수십 가지이지만 가장 궁금한 게 있다며 질문을 했다.

"언니는 취업하는 동안 주로 뭐하면서 보냈어? 나는 매일 낮잠만 자게 돼."

"글쎄, 나도 비슷했던 거 같은데……. 근데 반드시 지켰던 게 하나 있었지. 아침에 일어나서 밥 먹고 씻은 다음에는 일단 어디라도 나가기!"

친한 동생도 1년 가까이 취업 준비를 하고 있다. 본인의 생활이 나태해질 무렵 나를 찾았고, 나의 취업준비생 시절 하루 일과를 궁금해했다. 돌이켜 보면 나도 딱 1년쯤 되니 세상 누구보다 바쁘게 살아야 할 취업준비생이 더 이상 바쁘지 않은 취업준비생으로 바뀌어 있었다. 대학 강의도 모두 이수해서 학교에 나가지 않아도 됐다. 하루 24시간을 마음대로 쓸 수 있는 자유 시간이 생긴 것이다.

딱히 스터디가 잡혀 있는 날이 아니면, 기상 시간은 낮 12시에 가까웠다. 비몽사몽 눈을 뜨고 밥 먹고 잠시 쉬다 보면 어느새 나는 또 잠들어 있었다. 그리고 잠시 깨서 자기소개서를 쓰기 위해 노트북을 열어서 한 줄을 적는다. 졸려서 잠시 침대에 누우면 어느새 또 그 다음 날이 된다. 어느새 해가 중천에 떠도 눈이 안 떠질 때도 있고, 춥다는 이유로 이불 속에서 자기소개서를 작성하다가 잠들기 일쑤고……. 이런 불규칙적인 생활을 반복하다가 이대로는 안 되겠다 싶었다. 그래서 생각한 게 '일단 나가자'였다. 같은 장소만 가는 게 지겹기도 해서 격주로 목적지를 달리하면서 나갔다. 하루는 집에서 5분 거리에 있는 도서관으로 향했고, 다음 날은 버스를 타고 한 시간가량 걸리는 Y서점으로 향했다.

그렇게 나가면 맑은 날에는 따스한 햇볕에 기분도 좋아진다. 또 왠지 쓰기 싫었던 자기소개서도 자세를 바로잡고 도서관 컴퓨터 앞에 앉으면 집중력이 발휘되었다. 서점에 간 날에는 일단 마감시간이 임박한 자기소개서의 작성을 마치고, 서점을 돌아다니면서 제목이 마음에 드는 책을 가져다 서점 내에 있는 카페에 앉았다. 그러고는 다시 자기소개서를 작성하다가 막히거나 졸리면 집어 왔던 책을 펼쳤다.

무슨 일을 하면서 보내야 하는지는 우리 모두가 알고 있다. 우린 취업준비생이다. 자기소개서 작성하기, 부족한 부분을 채우기 위한 학원 가기, 스터디하기 등 해야 할 일은 정해져 있다. 자기소개서 제출 마감일이 아닌 날에는 기업 분석하기라는 일도 남아 있다. 취업 준비생은 결코 여유로울 수 없다. 스스로 계획을 세워야 한다. 물론 취업준비생들은 일정이 불규칙적이어서 계획을 구체적으로 짤 수는 없지만, 아무 일도 없는 날에는 서점에 가는 등의 자기 통제가 필요하다.

그리고 이를 꾸준히 유지해 나가는 것이 중요하다. 하루는 지친 몸과 마음을 단련시키기 위해 혼자서 강화도에 있는 마니산을 오른 적이 있다. 한 걸음 한 걸음씩 오르는데 문득 이런 생각이 들었다. '취업은 마라톤과 같다……. 힘들다고 포기해 버리면 취업을 영원히 안 할 사람이 아니고서는 어차피 또 힘들 수밖에 없는 건 아닐까? 내가 지금 또 힘들게 오르고 있는 건, 거의 다 왔다고 생각한 거만하고 안일했던 내 태도 때문이었을 것이다. 그래서 어느새 또 출발선에 서서 긴장하면서 다음 마라톤을 준비하고 있는 것 같다. 그러다 어느 순간은 너무 힘들어서 내 앞에 가짜 결승선을 그어 두고는 나는 원래 여기까지만 오려고 했다고 자기 위안을 하고 있구나……' 라고 말이다.

힘들어서 모든 것을 포기하는 순간, 그걸로 그냥 끝인 게 취업이

취업은 단거리 달리기가 아니라 하나의 마라톤이다.
마치 우리의 인생처럼……

다. 과정보다는 결과를 보여 주어야 하는 것이 취업이기 때문에 이를 이겨낼 수 있는 건 후회하지 않게 묵묵히 한 걸음씩이라도 반드시 앞으로 나아가는 방법밖에 없다. 단, 제대로 된 길을 한 번에 정확히 가기 위해서는 운동화 끈을 제대로 매는 법부터 배우고 지도를 펼쳐서 방향을 봐야 한다.

내 주변 사람들 중에는 내가 가고자 하는 결승선을 향해 함께 가는 사람도 있고, 아닌 사람도 있다. 그러니 그 사람들이 다른 결승선에 들어가는 모습만 보고 내 상황과 비교하지 말라. 자신의 길은 자기가 만들어 가는 것이고, 남들과의 비교로 행복해질 수 없는 게 인생이자 취업이다. 안일해져서도, 그렇다고 너무 무리해서도 안 된다. 작은 걸음이라도 매사에 일관성을 유지하는 것이 무엇보다 중요하다.

• 취미로 시작한 공모전, 수상경력 한 줄로 합격률을 올리다 •

3개월 전, 회사 게시판에 글이 하나 올라왔다. 회사 소식지를 만드는데 그 사보 이름을 공모한다는 내용이었다. 글이 올라오자마자 참가서와 함께 생각한 이름을 적어 제출했다. 제출했던 이름 중에 상위 10위에 들어서 공개 투표 후보에 들었다. 그 이후 같은 팀 선배들의 전폭적인 지지로 내가 제안한 '옹기종기'라는 이름이 1등을 했고, 우리 회사 소식지의 이름이 되었다.

대학 시절 공모전 참여는 경영학이나 광고학을 전공한 학생들만 하는 줄 알았다. 그래서 참여조차도 해 보지 않고 포기했었다. 졸업 유예자 신분일 때, 경영학을 전공한 친구와 G그룹 콘서트 프로모션 홍보 제안서 공모전에 참여한 적이 있었다. 정작 어디서 어떻게 준비해야 하는지도 몰랐다. 대단한 무언가가 있어야 수상하리라는 부담감과 신선한 아이디어를 내야 한다는 스트레스만 받았을 뿐이었고, 준비 기간이 전혀 즐겁지 않았다. 결과도 탈락이었다. 이후 공모전에 대한 내 의욕은 점차로 사라져 갔다.

그러던 중 내가 회사 사보 명칭 공모전에 즉각적으로 반응을 보이게 된 계기가 있다. I은행에서 단기 계약직으로 일하면서 우연히 참가했던 공모전에서 수상을 한 것이다. 이는 공모전을 준비하는 과정의 즐거움과 결과를 기다리는 설렘이라는 공모전의 쏠쏠한 재미를 알게 해 주었다. 이후 지속적으로 공모전에 참가했고, 총 4번의 크고 작은 수상 실적을 만들어 낼 수 있었다.

"박인영 씨, 잠깐만 와 볼래요?"

I은행 여신금융센터에서 단기 계약직으로 근무하는 도중에 과장님이 나를 불렀다. 사내 기안문서를 보니 내가 낸 이름이 우수작으로 선정됐다며 잠시 앞으로 나와서 직원들 앞에서 인사하라는 것이었다. 수상은 우수작이었지만, 실제로는 최우수상과 동일한 이름을 냈는데 다소 늦게 제출해서 우수작이 되었다고 했다.

그때의 짜릿한 기분은 지금까지도 남아 있고, 공모전 참여와 관심에 불을 지피는 시발점이 되었다. 스마트 뱅킹을 지칭하는 이름을 공모하는 제목의 문서를 본 순간, 대외적인 공모전이 아니라 제출 자격도 I은행 직원으로 한정되어 있어서 해 볼 만하겠다는 생각이 들었다.

내가 제일 먼저 한 일은 공모전 기안 문서를 처음부터 끝까지 꼼꼼히 읽어 보는 것이었다. 그 후 공모전의 취지와 목적을 파악해 관련 정보를 수집했다. 즉, 기존에 사용하고 있는 스마트 뱅킹들의 특징은 어떻게 되는지, 어떤 가칭을 쓰고 있었는지 등을 찾아서 정리했다. 마지막에는 다른 네이밍 공모전을 찾아보면서 어떤 형식으로 이름을 짓는지도 확인해 보았다. 이를 통해 기존에 정리된 정보들의 단어를 나열하면서 형식은 같지만 다른 이름이 나오도록 직접 적어 봤다.

시간이 날 때마다 한 시간씩 투자했던 결과에 비해 좋은 성적이었다. 공모전을 참여하면서 안 나오는 아이디어를 억지로 쥐어짜지 말라. 친구와 수다를 떨거나 멍하니 앉아있을 때 갑자기 떠오를 때도 있다. 이를 다 적어 두고 나중에 의미를 덧붙여 가면 만족할 만한 결과물을 얻을 수 있다.

이러한 흥미가 배가 된 것은 웹툰 공모전 수상으로 20만 원이라는 상금을 받은 희망복권공모전 참여 덕분이다. 복권과 관련된 일화를 그린 웹툰이나, 복권을 상징하는 캐릭터 부문을 선택해서 작품을 제출하는 공모전이었고, 나는 웹툰 분야에 참가했다. 아무런 일러스트 전문 장비가 없었던 상태에서 웹툰을 그리기 위한 도구는 아버지 스마트폰에 있던 S펜뿐이었다. S펜을 사용해서 수상한 걸 보면 사실 그림의 완성도보다는 내용 면에서 점수가 높았기에 수상할 수 있었다고 생각한다.

복권에 대해 곰곰이 생각하면서 주변 사람들에게 들었던 이야기나 얽힌 사건이 있는지 떠올려 보았다. 그렇게 탄탄한 스토리를 만들었고, 만화의 구성력을 높일 수 있었다. 수상작이 발표된 후 홈페이지에 올라온 출품작들을 보니 내 작품은 그림 실력 면에서는 꼴찌였다. 하지만 내용 면에서는 신선했고 이 때문에 웹툰 부분에서 2등을 했다. 웹툰에 관심이 있는 사람이라면 볼품없는 그림 실력 때문에 망설일 필요가 없다. 탄탄한 스토리를 만들어 낸다면 충분히 승산이 있다.

세 번째로 참가했던 공모전은 수상작 중에 가장 큰 상금을 받았던 S금융 신상품 제안하기였다. 거창하고 복잡한 상품을 만든다고 생각하기보다는 내가 가입하고 싶은 상품을 구상해 보며 가볍게 시작했다. 사회 공헌을 가미한 상품을 만드는 것이었는데, 기존에 있는 S금융 상품에 대해 검색하면서 상품 특징이나 고객들의 심리를 고민했다. 이런 심리를 담아 봉사활동으로 연결시켰고, 인증서를 통해 우대 이율을 제공해 주는 상품을 제안해 수상하게 되었다.

두 시간도 채 걸리지 않는 단순한 과정이었지만, 공모전의 취지를 읽기 위해 몰입했기에 순간의 번뜩이는 생각만으로도 좋은 상품을 제안할 수 있었다. 상금은 모두 부모님께 드렸고, 취업이 된 상태에서 공모전 수상 소식까지 들려드리니 매우 기뻐하셨다.

마지막은 동일한 공모전 주최회사로부터 두 번이나 이벤트 당첨 소식을 들었던 경험이다. 주말이면 서점에 가서 회사 이력서를 제출하던 나는 김포공항에 있는 Y문고를 많이 찾았다. 첫 번째는 오픈 기념행사에서 서점 이름으로 사행시 공모전을 개최했다. 그냥 막 적어 내려가지 않았고, 우선 취지가 무엇인지를 고민했다. 다른 사람에게 알리는 홍보성 사행시를 원한다고 생각했고, Y서점에 오면 좋은 점들을 솔직하게 적었다.

억지로 첫 글자를 끼워 맞추기보다는 인터넷 사전을 검색해 가면서 자연스런 흐름으로 사행시를 만들었다. 동일하게 Y서점에서 1년 뒤 1주년 오픈으로 축하 메시지를 적는 이벤트를 개최했다. 당시 집에서 가까운 서점이 없었다면 취업이 더 힘들어졌으리라 생각했고, 이러한 마음을 담아서 감사의 축하편지를 사행시로 적어냈는데 이벤트에서 또 수상을 했다.

이처럼 수상작을 만들기 위한 과정들을 보면 크게 시간을 쏟거나 머리를 싸맸던 게 아님을 알 수 있다. 누구나 할 수 있는 게 '아이디어 내기'이고, 거기에 좀 더 정성을 보태면 충분히 수상할 수 있는 작품을 만들 수 있다. 취미로 시작했던 이런 공모전 참여가 단순히 참여로 끝나는 것이 아니라 수상까지 이어진다면 작은 규모의 상이라 할지라도 자기소개서 합격률이 10퍼센트 이상 오르게 된다.

나는 '캠퍼스몬(www.campusmon.co.kr)'이라는 공모전 참여 사이트를 참고했다. 어떤 공모전들이 있는지 제목을 훑어보고 마음에 드는 내용이나 제목을 5개 정도 고르고 취지를 살펴보면서 언제 수상 발표가 나는지를 확인했다. 채용이 끝난 후에야 수상 발표가 나면 이력서에도 적을 수 없기 때문에 대부분 마감이 임박한 공모전에 참여했다.

취업을 준비하는 상황에서는 공모전에만 매달릴 수 없기 때문에 자기소개서를 적다가 머리가 아프거나 쉬는 타임에 식사를 하면서 가볍게 아이디어를 떠올려 보라. 그러면 어느 순간 아이디어가 떠오른다. 해 보면 별거 아닌 것이 공모전이다.

어렵게 생각하지 말고 가볍고 즐거운 마음으로 공모전에 임해 보라. 규모가 작은 공모전부터 참여해서 성취감을 먼저 맛보는 게 중요하다. 그 이후에는 자연스레 공모전 일정을 검색하고 있는 본인을 발견할 것이다.

❝ 공모전에 참여하는 초간단 방법 및 단계 ❞

1. 공모전 취지 파악하기

예를 들어 기침 예절 포스터 공모전을 한다고 가정해 보자. 왜 기침 예절에 대한 공모전을 여는지 그 이유를 알아야 한다. 즉, 국민의 질병 예방 캠페인인지, 더불어 사는 삶을 홍보하는 것인지, 에티켓 준수를 위한 것인지 등 '공모전 개최 목적'을 파악하라.

2. 수상작 살펴보기

작년에도 개최했던 공모전이라면, 이전 공모전에서의 수상작들을 살펴보라. 이를 통해 아이디어도 떠올리고, 똑같은 작품을 내는 실수를 피할 수 있다. 처음 시행되는 공모전이라면 비슷한 취지의 공모전 수상 내역을 살펴보자. 기침 예절이 제1회 공모전이라면, '에티켓' '경로 우대' '예절' 등의 키워드로 이전 공모전에서의 수상작들을 감상해 보라. 신선한 아이디어를 떠올리는 데 도움이 된다.

3. 브레인스토밍 그림 그리기

가운데 기침이란 단어를 두고 연상되는 단어들을 가지를 그리듯 적어 나가라. 생각나는 대로 적으면 된다. 그러다 보면 공모전 주제에 부합하는 키워드들이 선정된다. ex) 기침-콜록콜록-마스크-하얀색-의사…….

4. 빼곡하게 적은 단어들 중 주요 키워드 선택

여러 단어 중에서 연관성이 있는 단어들을 결합해 보라. 기침 예절 하면 떠오르는 단어 중에 내가 고른 것은 '마스크'와 '영웅'이었고, 이를 연계할 수 있었다.

5. 초안 완성하기

마스크를 이미 쓰고 영웅들에게 또 하얀 마스크를 씌우면 기침 예절까지 지키는 슈퍼 영웅을 만든다는 이야기를 만들어 낸 것이다. 이를 바탕으로 어떻게 포스터를 그릴 것인지 윤곽을 그리고 설명을 간단하게 적으라.

6. 작품 만들기

스마트폰에 있는 펜을 이용해서 그림을 그린다. 혹은 수작업 후 스캐너를 활용해서 컴퓨터로 옮기도록 하라. 이것도 자신이 없다면 그림을 잘 그리는 친구에게 부탁해 보는 것도 한 방법이다.

7. 마무리하기

완성된 작품을 보며 의미가 잘 전달되지 않는 부분은 수정하라. 마감일을 미리 확인하고, 2~3일 전에 넉넉하게 제출하면 끝이다.

Part
3

합격을 위해
반드시 통과해야 하는 관문
• 인적성, 면접, 논술 •

① 잊지 못할 첫 면접 경험

• 복장부터 태도까지 무장하기 •

채용 서류를 처음 쓰기 시작했던 2011년 1학기, 9개의 금융회사에서 탈락 통지를 받았다. 하지만 낙심하지 않았다. 포기하지 않고 방학 시즌에 맞춰 올라오는 인턴 공고를 확인하며 이력서를 넣었다. 그 과정에서 처음으로 D증권사로부터 서류 전형 합격 통지를 받았고, 인턴면접 일정이 2주 뒤로 잡혔다.

상반기 공채에서 모두 탈락하고 어렵게 얻은 면접의 기회였기에 놓치고 싶지 않았다. 그래서 곧바로 취업 정보를 공유하는 카페에 스터디 조원을 모집하는 공고를 올렸다.

증권 회사여서 그런지 같이 스터디를 하고 싶다고 문자를 보내오는 대부분이 남자 지원자였다. 높은 학점과 10개의 금융자격증을 취득한 사람(현 D증권사 인턴 합격 후 정규 직원으로 채용되어 근무 중)도 있었고, 반면에 금융권과는 좀 어울리지 않는 한국사 자격증 한 개만 가진 지원자(현 D증권사 인턴 탈락 후 학습 교육 관련 D사에서 근무 중)도 있었다.

공채도 그렇겠지만 대체로 인턴은 지원자가 가진 현재의 능력(학점이나 어학 성적)보다는 그 지원자의 앞으로의 가능성을 우선적으로 따져 본다. 그렇기 때문에 어느 학과를 나왔는지도 그다지 중요한 요인이 아니다. 면접장에 가서 다른 지원자들과 이야기를 나눠 보니 학교도 지역별로 다양했고, 전공 학과 또한 금융 관련 학과에서부터 물리학과까지 여러 분야임을 알 수 있었다.

그렇게 생애 처음으로 사람들을 모집해서 시작한 취업 스터디는 말 그대로 엉망이었다. 일단 짝을 맞추기 위해 4명을 정원으로 했다. 현재 기업에서 추진하고 있는 계획이나 뉴스 등의 방대한 자료를 바탕으로 이루어지는 기업 분석은 각자 하자는 의견으로 모아졌다. 더욱이 시간에 쫓겨 정보 공유가 제대로 이루어지지 못했다.

그 대신 다음 전형 중 하나인 인성면접 연습에 주력했다. 모의 면접이 진행되는 동안 핸드폰 동영상으로 서로의 모습을 녹화했다. 면접 중 자신도 모르게 반복하는 안 좋은 버릇을 고칠 수 있도록 하기 위한 방법이었다. 하지만 갖고 있던 버릇은 좀처럼 쉽게 고쳐지지 않았다. 그러다 보니, 그다음 번 연습에서도 긴장하고 경직된 모습은 그대로였다. 바뀌지 않는 모습에 의욕도 점점 사라졌고, 급기야 스터디 조원들끼리 수다만 떨다가 집에 간 적도 있었다.

첫 스터디의 실패 요인은 명확한 커리큘럼이 없었다는 것이다. 또 스터디만 믿고 개인적으로 면접에 대비하지 않았다는 것도 크나큰 실수였다. 그렇게 2주간 총 6회 정도의 스터디를 마치고, 드디어 면접 당일이 되었다.

여름에서 가을로 넘어가는 시기였기 때문에 날씨가 무척이나 좋았고 하늘은 푸르렀다. 첫 면접인 만큼 실수하지 않기 위해 인터넷에서 '여자 면접 복장'을 찾아보았다. 그런데 의외로 꼭 하얀색 블라우스가 아니더라도 단정하게 입고 가는 사람도 있다는 의견이 많았다. 하지만 사람은 보고 싶은 것만 본다고 했던가? 지금 생각해 보면 당시에는 이유 없이 하얀 블라우스가 입고 가기 싫었던 것 같다. 그래서 하얀색이 아닌 집에 있던 남보라색 블라우스를 골랐다. 그리고 혹시라도 예의에 어긋나지는 않을까 하는 걱정에 친언니에게도 물었다.

언니에게 면접 복장을 입은 모습을 보여 주니 괜찮다며 입고 가라고 했다. 하지만 언니는 공채 면접에 참여해 본 적이 딱 한 번 있었고, 그것마저도 일대일로 진행되는 면접이었기에 나처럼 여러 지원자와 함께 보는 면접은 가 본 적이 없었다는 사실을 간과했다.

그렇게 최종적으로 고른 블라우스는 남보라색이었다. 이 글을 읽는 취업준비생들의 반응이 두 가지로 엇갈리리라 생각한다.

'그렇게 입으면 안 돼?' 혹은 '그렇게 입으면 당연히 안 되지!'

규정에 나와 있지 않는 한(일부 기업은 정장의 색상도 정해 준다) 어떻게 입든 상관없다. 단, 그 옷을 입었을 때 '이렇게 입으면 안 되나?'라는 의심이 조금이라도 든다면 인터넷을 검색해 보고 주변에 조언을 구하여 확신을 갖고 입으라. 그래야 그 옷을 입었을 때 눈치 보거나 주눅 들지 않고 당당하게 행동할 수 있다.

남보라색을 입고 등장한 면접장에서 나는 내 존재를 온몸으로 표현하는 면접자가 되었다. '설마 모든 지원자가 다 흰색 블라우스를 입고 올까'라는 생각에 골랐지만, 정말로 모두 흰색 블라우스를 입고 있는 것이 아닌가!

면접 대기실은 100명은 넉넉히 대기할 수 있는 대회의장이었다. 면접 대기실 입장과 동시에 하얀색 무리들 속에 남보라색의 움직임은 확연히 눈에 띄었고, 남자들이 다수인 증권사 면접장에서 여자인 나는 한 번 더 띌 수밖에 없었다. 그렇게 휘황찬란함을 빛내며 면접장에 들어갔다. 내 이름이 적힌 명찰을 받아 자리에 앉았고, 물 한 번 먹으러 가는데도 다들 쳐다보는 느낌이었다.

애써 시선을 피하며 자리를 찾아 앉았다. 긴장을 풀기 위해 같은 조에 배정받은 지원자들과 이야기를 나누며 면접 순서를 기다렸다. 대화를 나누다 보니 마음은 좀 편해졌다.

일부 면접 후기에 의하면 면접장에서 이야기하면 "감점이다", "아니다" 하면서 말이 많은데 정답은 면접장의 크기와 분위기에 따라 달라진다는 것이다. 대기 장소가 상당히 크고 분위기가 자유로운 곳이 있는데, 그런 곳에서는 오히려 다른 면접자들과 대화를 나누는

면접대기실에서의 말과 행동도 면접의 일부입니다.

것이 좋다. 이야기를 주고받다 보면 어느새 긴장이 풀려 편안한 마음과 최상의 컨디션으로 면접에 임할 수 있다. 하지만 적은 인원이 대기하고 바로 앞에 인사 담당자가 왔다 갔다 하는 게 한눈에 보이는 좁은 대기 장소에서는 절대 수다를 떨지 말라. 가만히 앉아서 신문을 보거나 답변에 대해 적은 노트를 보면서 차분하게 본인의 면접 차례를 기다려야 한다.

한번은 면접장에서 대학 동기들을 만났는지 이리저리 왔다 갔다하는 지원자를 본 적이 있다. 친구들을 만나러 동창회장에 나온 사람처럼 때와 장소를 못가리던 그 지원자는 결국 탈락했다. 물론 그이유가 다는 아니었겠지만, 면접자들을 대기시키는 회사 직원의 눈에 나쁜 일로 눈에 띄는 일은 없도록 언행을 조심해야 한다.

면접 대기실에 앉아서 스스로 편하게 이야기하자고 마음속으로 수도 없이 외치고 있었다. 이름 순서로 면접 순서가 정해졌다. 박 씨성을 가진 덕분에 면접장에 모인 김 씨, 강 씨 뒤에 얼마 지나지 않아 면접장에 들어갔다.

"면접번호 14번 박인영 씨, 이번에 들어가실게요"라고 말하며 안내해 주는 D증권사 직원의 말에 심장이 마구 뛰기 시작했다. 그 떨림은 면접장으로 향하는 내내 점점 더 빨라졌다.

대기실에서 내 양 옆에 앉아 있던 지원자들과 뒤쪽에 앉아 있던 남자 지원자까지 총 4명이 함께 면접장에 들어갔다. 우연히 같은 대학교에 다니고 있는 남자 지원자가 함께 들어가게 되었다. 내가 자기소개서에 유명한 밴드동아리에서 활동 중이라고 적었는데, 이 때문에 면접관이 우리 밴드동아리가 어떤 동아리냐고 나와 같은 대학의 지원자에게 질문했다. 고맙게도 상당히 유명한 동아리라고 말해 주었다.

자기소개서를 작성할 때 거짓말은 절대 쓰지 말아야 한다. 면접장에 같이 들어가는 지원자 중 같은 모교 사람이나 인턴을 같이 했던 지원자가 들어간다면 내 경우처럼 같은 대학을 다니던 사람이 관련 질문을 받을 수 있다. 이로 인해 그동안 쌓아 온 노력이 한낱 거짓말에 의해 불합격으로 바뀔 수도 있는 것이다.

면접장에 들어가서 인사를 하고 공통으로 지원동기가 무엇이냐는 질문에 한 명씩 대답했다. 그리고 받은 첫 개인 질문은 이메일 주소가 특이하다며 무슨 의미냐는 질문이었다. 그 질문에 무척이나 떨리는 표정을 지은 채 "네, 아무의미 없습니다"라고 대답했다. 면접관은 내 간단명료한 대답에 더 이상 질문하지 않았다.

'어라? 있을 줄 알았는데 이런 반전이!!! 깜짝이야. 오홋~ 이 지원자 보기 드문 사람일세. 더 알고 싶어져⋯⋯'라고 감탄사를 연발하는 면접관이 있을 리 없다. '의미가 없다니, 뭐지⋯⋯'라고 생각했을 확률이 높고, 실제 면접관의 표정도 좋지 않았다.

다른 지원자들과의 질의응답 시간이 10분 정도 지났을 때쯤 드디어 두 번째 질문이 시작되었다. 오른쪽에 앉아 있던 지원자가 취미로 노래를 썼는지, 면접관은 그 사람에게 노래를 잘하는지 물었고, 웬만큼 부른다는 오른쪽 지원자의 대답에 면접관은 일어나서 노래 한 소절을 불러 보라고 말했다. 그 지원자는 일어나서 당시 유행하던 남진의 '땡벌'이라는 노래를 불렀다. 노래가 끝나고 나서 곧바로 나는 두 번째 질문을 받았다.

"인영 씨, 밴드 하셨는데 어때요? 잘 부르는 것 같아요?"

평소 모든 일에 의욕적이고 주변 사람들을 즐겁게 해 주는 것을 좋아하는 내 성격대로 말했다면 다음과 같이 대답했을 것이다.

"음정을 미는 부분이나 당기는 부분이 정확하고 숨도 적시에 잘 쉬는 것을 보니 노래에 소질이 있는 지원자 같습니다. 그리고 무엇보다 드럼을 치고 싶은 생각이 잠시 들었는데 그만큼 흥이 나게 노래를 부르신 것 같습니다."

그런데 나는 이 질문에 실제로 이렇게 대답하고 말았다.

"(첫 번째 질문에 대한 대답을 제대로 하지 못해서 면접을 망쳤다는 생각이 머릿속에 맴돌고 있었기 때문에 자신 없이) 네……."

결국 또 실수했다고 머릿속으로 생각하자 가슴은 더욱 두방망이질을 쳤다. 질의응답을 통해서 어떤 사람인지 보여 주는 자리에서 나는 계속 혼자 헤매고 있었던 것이다. 그래도 정신을 차리려고 계속 웃고 있었다. 떨리는 마음을 가라앉히고 있을 때 이번에는 왼쪽에 앉아 있던 지원자가 나와 같은 혼란 상태에 빠졌다.

왼쪽에 앉아 있던 지원자는 취미로 '물건 비교'를 썼고, 어떻게 취미가 되었냐는 질문을 받았다. 지원자는 "평소 모든 물건 구매에 있어서 철저하게 비교하다 보니, 습관적으로 분석하게 되었다"고 대답했다. 그러자 면접관이 다시 물었다.

"그럼 지금 핸드폰 쓰고 있는 게 뭐예요?"

"네, 갤럭시를 사용하고 있습니다."

"그럼 갤럭시랑 다른 핸드폰이랑 비교해서 샀겠네요? 뭐가 달라요?"

"아. 이 갤럭시 폰은 여자 친구와 커플 폰으로 맞춰서 산거라……."

(면접관이 지원자 얼굴을 빤히 쳐다보며) "으……응?"

핸드폰은 그냥 여자 친구와 커플 폰으로 구매했다는 지원자의 대답에 면접관의 표정이 좋지 않았다. '물건 비교'가 진짜 그 지원자의 취미였는지는 모르겠지만, 이어서 질문이 나오지 않은 걸 보면 무언가 잘못되었다는 것을 느낄 수 있었다.

아마 그 지원자도 면접을 끝내고 집에 돌아가는 길에 '이렇게 말했어야 되는데'라고 후회했을 것이다. 그리고 그 상황을 곱씹으며 다음과 같이 대답을 고쳐 보았을지도 모른다.

'다른 물건 만큼은 꼼꼼하게 샀지만, 이 폰은 여자 친구 뜻에 따라 커플 폰으로 맞춰 샀습니다. 대신 최근에 산 노트북에 대해 타사와의 차이점을 말씀드려도 되겠습니까?'

면접장에 가면 옆 지원자들의 답변에 좌지우지되는 상황이 많다. 다른 지원자들의 말을 듣고 경청해야 하는 것은 맞지만 그 말에 과하게 공감하게 되면 평소 말주변이 있는 지원자라도 다른 사람이 조금만 잘해도 쉽게 위축되고, 말주변이 없는 지원자의 대답을 듣고는 자신도 같이 떨게 될 수 있다. 그러므로 객관성과 평정심을 유지하면서 마치 내가 면접관이 된 것처럼 주의 깊게 듣는 자세를 가져야 한다.

그렇게 왼쪽 지원자 때문에 더욱 떨리는 마음으로 앉아 있을 때 세 번째로 대답할 기회를 잡게 되었다. 그러나 이미 제어할 수 없을 만큼 심장이 콩닥거려 마지막 질문까지 제대로 답변하지 못했다.

마지막 질문은 동아리 활동을 하면서 여자로서 힘든 일이 무엇이냐는 질문이었다. 나는 다음과 같이 대답했다.

"안 힘듭니다. 단지, 록 밴드의 특성상 대부분 선후배 동기들이 남자입니다. 그래서 남자동기들을 이기려는 욕심에 술을 엄청 많이 먹는 법을 배웠습니다. 술을 잘 먹습니다."

뭐가 힘드냐는 질문에 나는 동문서답으로 "술을 잘 먹는다"로 면접의 말미를 장식한 것이다.

잊지 못할 첫 면접 경험이었지만, 이 면접을 통해서 한 가지 사실을 알게 되었다. '책에서만 봤는데, 면접장에서 진짜 노래를 시켜보기도 하는구나'라는 것을 말이다. 일부 취업준비생들은 면접이나 PT, 토론면접을 준비하면서 이런 건 너무 식상하고 뻔해서 질문이나 지문으로 안 나올 것이라고 단정 짓는 사람이 많다. 그래서 기본적인 지원동기나 1분 자기소개조차도 준비하지 않는 지원자를 많이 봤다. 이는 절대적으로 지양해야 한다. 기본적인 질문의 경우, 답변 내용에 충실해서 자신감이 생길 때까지 준비해서 가도록 하자. 그래야 첫 출발이 순조로울 것이다.

질문에 대한 답변을 하는 인성면접이 끝나고 같은 장소에서 마지막 5분 동안 지원자 공통으로 간단한 미션을 받았다. 면접관의 손에 들린 단어가 적힌 언어 카드를 보고 떠오르는 단어들을 이용해 1분간 입사 의지를 표현하는 것이었다.

면접관에게 제시받은 카드는 '스티브 잡스'였다. 그 카드를 보여주며 면접관은 이렇게 말했다.

"근데……. 스티브 잡스가 누군지는 알죠?"

그 짧은 순간 두 가지 생각이 들었다. 나를 무시하는 건가 아니면 그 유명한 압박질문(지원자를 무시하는 듯한 질문이나 꼬리에 꼬리를 물고 늘어지는 질문으로 지원자의 진정성이나 위기관리 능력을 체크하기 위한 면접)인 것인가. 그 당시에는 전자일 것이라고 확신했다. 스티브 잡스를 모르는 사람이 어디에 있겠는가. 하지만 지금 돌이켜보면 분명 후자였다는 확신이 든다. 면접관들은 누군가를 떨어뜨리려고 면접장에 나오지 않는다. 뽑고자 하는 지원자들 보러 나온다는 점에서 그건 압박질문이었다.

무시당했다는 생각에 오기가 발동했고, 더 잘해야겠다는 마음에 머리에 있던 지식을 풀어놓기 시작했다. 나는 다음과 같이 답변했다. "스티븐 잡스는 위대한 창조가입니다." 스티브 잡스라는 단어를 활용해서 '본인의 입사 의지'를 보여 달라고 했건만, 스티브 잡스의 전기에 대한 이야기로 57초를 썼고, 3초의 정적이 흘렀다. 그렇게

1분이 지나갔다. "스티브 잡스를 아느냐?"고 물었던 면접관의 질문에 오기가 생겨서 그 사람을 당연히 알고 있다는 것을 보여 주려고 결국 묻는 질문의 요점에서 벗어나는 답변을 한 것이다. 또 한 번 나는 소통하지 못하는 지원자가 되고 말았다.

면접관들이 순발력 테스트를 통해 알아보는 것은 위기 대처 능력 말고도 한 가지가 더 있다. 말이 막힌다고 해서 바로 포기하지 않는 '끈기'다. 단어를 보고 떠오르는 게 없어서 아무 말도 하지 않는 지원자와 느리지만 침착하게 말을 이어가고자 노력하는 지원자 중에서 같이 일하고 싶은 사람을 택하라고 하면 당연히 후자 쪽일 것이다.

평소에 기발한 아이디어가 바로바로 떠오르지 않는 지원자라면 기존에 나왔던 기출 순발력 테스트 단어들을 갖고 미리 연습하고 준비해 보라. 지속적으로 연습하다 보면 연상 작용이 빨라져서 나중에는 능숙하게 말을 이어나갈 수 있다.

• 토론면접에서는 절대 언쟁하지 말라 •

인성면접 이후 이어진 전형은 토론면접이었다. 같이 인성면접을 봤던 3명의 지원자와 한 팀이 되어 4명으로 이루어진 또 다른 팀과 토론을 하는 과정을 보여 주는 면접 전형이었다.

이 전형에서는 토론할 때 내세우는 논리도 살펴보지만, 상대방과 대화를 하는 과정에서 얼마만큼 상대방을 배려하고 경청하는지 등의 인성적 태도를 눈여겨본다. 간혹 토론면접장에 가면 상대방의 발언에 말끝마다 따지는 지원자들이 종종 있다. 그런 행동은 함께 사회생활을 해 나갈 신입사원을 뽑는 자리인 만큼 동료 및 선·후배 등 인간관계에 있어 문제가 생길 여지가 있는 지원자라는 인상을 심어 줄 수 있다.

토론면접 전형 또한 말 그대로 '면접'의 하나다. 다른 지원자의 의견을 무시하고 내 의견만 내세워 이길 수 있음을 증명하는 자리가 아니다. 다른 지원자의 말도 맞지만 내 말이 맞는 이유를 감정이 아닌 논리로 예의를 차려 보여 주면 되는 것이다.

나에게 주어진 토론 주제는 유재석과 강호동의 리더십 중 한 개를 고르고 상대팀에게 내가 고른 사람의 리더십이 더 우위에 있음을 이야기하라는 것이었다. 4명이 각각 사회자, 발표자, 서기, 의견정리자로 역할을 나누고 이에 맞게 토론을 준비해야 했다.

역할을 부여한 이유는 지원자들의 특성에 맞게 각자의 역할을 맡으리라는 것을 알기에 이를 통해 성격을 보기 위해서다. 모두가 사회자를 맡아 면접관에게 리더십을 보여 주려는 다른 지원자와는 달리 나는 양보하다시피 남는 것을 하겠다고 했다. 아무도 하지 않는 서기를 맡아 묵묵히 글만 썼다. 그렇게 15분간 각 팀은 내세울 의견을 정리한 후 15분간 토론을 하게 되었다.

토론하는 시간에는 지원자들이 돌아가면서 적어도 한 번씩은 발언을 할 수 있다. 15분간 주장이 오가는 토론이 끝나고 면접관의 질문 시간이 있었는데, 유일하게 나에게만 질문이 들어왔다. 아마도 준비하는 과정을 본 면접관은 서기를 맡은 모습과 발표 때 한 마디 했던 것을 보고 내가 어떤 사람인지 파악이 되지 않아 마지막 질문을 통해 성격을 파악하려고 그랬을 것이다.

"인영 씨께 질문 드릴게요. 오늘 4명이 한 팀을 이뤘는데 인영 씨팀에서 사회자 역할을 맡은 지원자는 어떤 리더라고 생각하시는지요?"

"잘 이끌어 주는 리더였습니다……."

토론 내용도 그렇고 앞뒤 문맥상 유재석과 강호동의 리더십 중 하나를 선택한 후 부연 설명을 해야 했지만, 결론적으로 그러지 못했다. 여태까지의 미흡한 점을 한 번에 만회하고자 했으면 하는 간절함이 오히려 초조함으로 바뀌어 마지막까지 한심한 대답을 하고만 것이다. 면접관이 준 절호의 기회를 그렇게 날려 버리고 인성면접과 토론면접 두 개의 전형이 모두 끝이 났다.

아침 10시 집결 후 거의 5시간 만에 집에 돌아갔다. 면접비는 3만 원이었다. 지하철을 기다리다가 같은 조원을 만나 잠깐 이야기를 나누게 되었는데, 그 지원자가 말했다.

"역시 증권사라 그런지 면접비가 장난 아닌데요?"

첫 면접이어서 크고 작음의 액수를 비교할 수 없었던 나는 "아, 이 정도면 많은 거예요?"라고 물었고, 이런 대답이 돌아왔다.

"당연하죠. 6만 원 주는 기업이 어디 있어요?"

나는 순간 기분이 몹시 나빴다. 내 봉투에는 3만 원만 들어 있었기 때문이다. '뭐야, 이젠 면접비로 사람 차별까지……'라는 생각이 스쳤지만, 생각해 보니 봉투에 이름이나 면접번호 등 아무것도 쓰여 있지 않았다. 즉, 사람에 따라 금액을 차별적으로 골라서 주는 것은 아니었다. 그 지원자는 우연히 운 좋게 3만 원이 들어 있던 봉투에 또 다른 인사 담당자가 다시 3만 원을 잘못 넣은 봉투를 받았던 것이다. 이런 운도 있다는 것을 알게 되었다.

'면접은 운이 70퍼센트다'라는 말이 있다. 물론 면접에 그날의 컨디션과 같은 운도 작용하겠지만, 그 전에 충실한 준비가 있어야 70퍼센트의 운이 작용한다는 깨달음을 얻었다. 언제 올지 모르는 기회를 잡기 위해서는 준비를 해야 한다는 말을 이때 몸소 느꼈다.

오후 4시가 되어서야 집에 도착했다. 생전 처음으로 기업 면접을 보고 온 이후 처음으로 깊이 깨달았다. '취업은 결코 쉽지 않구나, 난 참 바보 같았어. 그래도 다음에는 제대로 대답해야지'라고 머리로만 결심했다. 무엇을 어떻게 고쳐서 면접에 임해야 되는지 정확한 요지를 잡지 못했던 것이다.

첫 면접 후 진지하게 실패 요인을 분석해야 한다. '처음엔 다 그렇지 뭐'라는 생각으로 그냥 넘긴다면 처음뿐만 아니라 두 번째, 세 번째도 똑같은 실수를 연발하며 결과는 달라지지 않는다. 반드시 처음 면접 탈락부터 어떤 점이 생각처럼 잘 되지 않았는지, 아쉬운 점이 무엇인지 등을 꼼꼼하게 적어 두라. 다음 면접 전형에 임할 때는 적어 놓은 것들을 중점적으로 대비한다면 합격에 보다 가까워질 수 있다.

② 옆 사람은 경쟁자가 아닌 협력자

• 협동심이 합격률을 높인다 •

같이 들어가는 지원자들은 경쟁자가 아니다. 물론 일부 예외는 있지만 오히려 함께 다 잘하면 내 답변도 면접관에게 기분 좋게 들리고 모두가 밝고 의지가 있어 보인다. 즉, 면접장에 들어가기 전에 다른 지원자들을 격려해 주면 오히려 자신에게 좋은 운이 작용한다.

H은행 1차 면접 당시 같이 들어갔던 한 지원자의 답변 내용을 듣고 안타까웠던 적이 있었다. 옆 사람을 당연히 경쟁자라고 생각하기보다는 '나와 같이 입사를 원하는 친구'라고 생각했기에 더욱 안타

까웠다. 그 지원자는 컴퓨터공학을 전공하고 은행에 지원을 한 상황이었는데, 면접자의 첫 질문이 "컴퓨터 다루는 거하고 은행 업무는 달라요. 기계가 아닌 사람을 다뤄야 하고 그런데 전공과 지금 하려고 하는 일이 너무 다르지 않아요?"였다.

미리 답변을 준비해 가지 않으면 당황할 수 있는 질문이었다. 그 지원자 역시 예상치 못했던 질문이었는지 당황한 기색이 역력했다.

"네 저도 그렇게 생각합니다. 본래 저는 전공이 컴퓨터공학이라 지금 서비스직과 맞지 않을 것입니다……. 그렇습니다……. 그……."

면접관의 말에 수긍하기 위한 하나의 전략이라고 하기에는 너무 안타까웠던 답변이었다. 이런 질문은 보통 입행 의지를 보기 위한 의도를 갖고 있다고 할 수 있다. 전공 학과나 기타 이유로 지원 회사와 맞지 않을 것 같다는 이야기를 듣게 되더라도 그 말에 동의하지 말라. 진심으로 원하는 이유를 말하고, 남모르게 준비해 온 기간에 대해서도 말하고, 미래에 대한 고민을 보여 준다면 오히려 다른 지원자보다 더 좋은 점수를 더 얻을 수 있다. 더 나아가 자신의 전공을 살려서 그 회사에 기여할 수 있는 대답을 한다면 면접관에게 합격점을 받을 수 있다. 예를 들어 다음과 같이 대답할 수 있다.

"전공과 무관하게 보일지 모르겠지만, 4년간 공부해 온 내용들이 무색하지 않게 기업에 접목시켜 보고 싶습니다. 요즘 은행의 개인정보유출 사건으로 고객 정보 보호에 대한 관심이 높아지고 있습니다. 때문에 H은행의 편리한 모바일 서비스 등을 제공하면서 동시에 철저하게 개인 정보를 보호할 수 있는 방안들을 생각해 내는 데 다른 지원자들보다 더 자신 있습니다. 꼭 은행에 입사해서 고객과의 신뢰감을 쌓을 수 있는 기회를 갖고 싶습니다."

만약 이렇게 대답한다면 싫어할 면접관이 있을까?

결국 컴퓨터공학과 지원자는 2차 면접장에서 만날 수 없었다. 그렇게 내가 속한 B조에 탈락의 그림자가 드리우고 있을 때, 옆 C조의

협력은 합격률을 높이는 또 하나의 비결이다!

분위기는 매우 화기애애했다. 첫 등장 인사를 준비하는 멘트도 호흡이 딱딱 맞았고, 당시 한 팀을 이루었던 5명 모두 오래 사귄 친구처럼 편안한 모습이었다. 나중에 그 팀에서는 5명 중 4명이 합격했고, 우리 팀에서는 5명 중 2명이 합격했다. 이처럼 분위기 좋은 팀을 만드는 것도 하나의 합격 팁이 될 수 있다.

면접관이 원하는 인재상은 하나가 아니다

내 남자 친구는 워낙 차분한 성격이라 사람들 앞에 나서는 것도 별로 좋아하지 않고, 특히나 말을 할 때 다른 사람들이 자신을 쳐다보는 게 창피할 때가 있다고 말할 정도로 '다른 사람 앞에서 말하기'에 있어 고민을 갖고 있다.

남자 친구는 기업 취직을 목표로 하지 않아서 면접을 볼 일도 없었고, 때문에 이런 고민이 크게 인생의 걸림돌이 되리라 생각하지 않았다. 그러던 어느 날 남자 친구에게도 면접을 봐야 할 일이 생겼다. 대학원 입학을 위해 학교 면접을 준비하게 되었기 때문이다. 계속해서 질문을 던지면서 강하게 나름의 트레이닝을 시켰다.

질문에 대한 답변을 적어서 계속 말해 보라고도 하고, 돌발질문을 던져 주기를 수십 번 반복했다. 근데 마지막까지도 유창하지 못한 모습에 '과연 잘할 수 있을까'라는 걱정이 앞섰다. 이런 걱정은 기우가 아니었고, 면접을 끝내고 나서도 아무 말 없이 고개를 떨어뜨리고 있는 남자 친구를 보면서 마음이 아팠다.

그러나 몇 달 후 예상과 달리 남자 친구는 합격 통보를 받았다. 면접은 말을 잘하는 게 다가 아니라 얼마나 진정성 있게 전달할 수 있느냐가 중요하다는 사실을 이때 깨달았다. 남자 친구의 합격 이유는 면접에 임하는 진실함에 있었다. 비록 화려한 수식 어구도 없었고, 목소리는 떨리고 얼굴이 새빨개졌더라도 간절한 그 마음만을 표현할 수 있는 진정성이 있었기에 합격할 수 있었던 것이다.

H은행 면접장에서도 그런 지원자를 봤다. 누구보다 몹시 떨면서 면접 질문에 대한 답변을 할 때는 염소가 말하듯 목소리를 떨었다. 그 지원자의 모습을 보면서 과거의 나를 보는 것 같아 마음이 짠했다. 물론 내가 염소 목소리를 냈던 이유는 본래 수줍어하는 성격에서 나오는 것이 아니라 준비가 되지 않은 채 면접에 임했던 긴장감에서 비롯된 것이었다. 그 지원자도 떨고는 있었지만 남자 친구와 비슷하게 약간 더듬거리면서도 진심을 다해 자기가 할 말은 끝까지 다 했다. 2차 면접장에서도 그 친구를 볼 수 있었고, 최종 합격했다는 소식도 들을 수 있었다. 말 잘하는 순서로 채용을 한다면 합격은 상상도 못했을 지원자가 합격할 수 있었던 이유는 술술 나오는 달변가 같은 모습을 보여 줬기 때문이 아니라, 입사에 대한 간절함을 진실한 말 한마디와 표정에서 보여 주었기 때문이다.

면접을 준비하는 지원자들 중 일부는 '어떤 말을 해야 면접관 마음에 들까'라고 고민하는 지원자들이 있다. 나 또한 처음에는 하나의 질문에 몇 가지 답변을 정해 놓고 어떤 답변이 면접관의 마음을 가장 사로잡을 수 있을지 어리석은 고민을 많이 했다. 정작 고민해야 할 것은 '이게 내 이야기인지, 혹은 진심은 담겨 있는지' 등에 대한 깊이 있는 고민이어야 했는데 말이다.

인성면접을 앞두고 가장 많이 했던 일이 바로 면접 답변에 관한 서적을 읽는 것이었다. 모범 답안이라고 쓰인 글을 달달 외우면서 내 것으로 만들려고 했던 것이다. 질문의 취지는 알지 못한 채 잘 보이기 위한 답변만 생각했기에 정작 표정에서의 진실함은 나타나지 않았던 것이다. 면접은 대화를 나누면서 어떤 사람인지 알기 위한 하나의 과정이지 말을 잘하는 사람을 뽑기 위한 곳이 아니라는 것을 알아야 한다.

더불어 면접관은 말을 잘하고 밝은 사람만 선호하는 게 아니다. 다소 숫기가 없더라도 진심을 담아 말할 수 있는 사람, 목소리가 크고 당당한 사람 등 여러 사람이 있다. 사람마다 원하는 이상형이 다르듯 기업에 있는 다수의 인사 담당자가 원하는 신입사원의 성격도 하나로 일치하지 않는다는 점을 기억해야 한다.

때문에 자신의 본모습을 버리고 '면접관이 원하는 사람은 이런 사람일 것이다'라는 상상 속에서 억지로 면접관이 원하는 모습에 자신을 끼워 맞추지 말라. 주변 친구들이 나에 대해 평소 칭찬했던 점이 있다면, 이를 15분 내에 면접관에게도 보여 줄 수 있도록 자신의 모습에 집중해 보자.

③ 색다른 면접 기회들

·도전하라, 챌린지 C은행·

3년간 취업 준비를 하면서 특이한 채용 전형에도 응시할 기회가 많았다. 그중 첫 번째가 모 케이블 TV 주최로 외국계 C은행의 입행 기회를 주는 채용 전형에 참가한 것이었다. 이 전형의 취지는 면접 등을 통해 8명을 뽑아 TV 프로그램에 참여할 기회를 주고, 방송에 나와 매 회마다 미션을 통해 한 명씩 탈락하게 되어 최후 1인을 선정해 특채로 입행시켜 주는 과정이었다.

1차 전형은 타 기업과 같이 서류 전형이었지만, 그 항목들이 독특했다. 이력서는 자신의 인생 곡선을 그리고 그에 대한 부가 설명을 적는 것이었다. 또 평이한 자기소개서 대신 '외계인에게 물건을 판다면'이라는 주제로 어떤 것을 팔 것인지, 또 그 이유와 방법을 자유롭게 서술해 제출해야 했다. 독특한 형식의 자기소개서 작성을 즐기기도 했고, 틀에 박히지 않은 자기소개서 제출에 흥이 나서인지 정성을 다해 적은 답변들 덕분에 서류 전형에 합격해서 사전 인터뷰 형식의 2차 전형 기회를 얻었다.

2차 전형은 케이블 방송 본사에서 인터뷰 형식으로 진행되었다. 녹화방송 홀에 5개의 부스가 설치되어 있었다. 부스마다 2명의 작가가 배치되어 있었다. 이 작가들과 대화하는 모습이 카메라로 녹화되었고, 인터뷰와 카메라 테스트를 동시에 받는 것이 2차 전형의 요지였다.

평소 면접장에서 느꼈던 긴장감보다는 친한 언니 두 사람과 대화한다는 생각이 들었고, 편안한 마음으로 인터뷰에 임할 수 있었다. 그래서인지 2차 인터뷰 면접에도 합격했다.

3차 면접은 종로에 있는 은행 본점에서 진행되었다. 3차 면접에 대한 정보는 복장이 자유라는 것 외에는 철저히 비밀이었다. 당일 공개라는 말만 듣고 현장에 도착했고, 서류 전형과 1차 인터뷰를 통과한 100명의 지원자가 구내식당에서 대기했다.

100명 모두 같은 시간에 시작하기 때문에 거의 4시간을 대기하고서야 철저하게 비밀에 쌓여 있던 3차 전형을 보게 되었다. 아무도 없는 방 안에서 카메라를 보고 3분 동안 자신의 자랑을 하고 나오는 것이었다. 틀에 박힌 면접만 해 보았기에 도무지 상상도 해 보지 못한 방법에 당황한 나는 카메라 앵글도 확인하지 못한 채 이리저리 뛰어다니다가 결국 탈락했다.

2차 사전 인터뷰 면접자가 100명이었고 이중에 50명 정도가 3차 관문에 통과했다. 3차 관문 통과자는 '사랑'이란 주제로 PT 발표를 하는 4차 면접까지 이어졌다. 면접 스터디를 할 때마다 PT 발표 하나는 정말 잘한다는 칭찬도 들었기 때문에 3차만 합격했다면 방송에 등장할 수 있었다는 생각에 아쉬움이 유독 남았던 면접이다.

인터넷을 검색해 보면 특이한 전형의 면접도 많다. 그런 전형에 임해 보면 꼭 '최종 입사'라는 목표를 이루지 못하더라도 똑같이 반복되는 일상에 소중한 추억거리를 만들 수 있을 것이다. 그러니 겁부터 먹지 말고 일단 참가 신청서를 제출해 보라.

모두에게 열려 있는 현장 면접 기회, H백화점 이야기

기업의 1차 전형 대부분이 서류 전형인 반면 H백화점은 순서가 반대다. 상반기와 하반기에 각각 한 번씩 직접 몇몇 대학에 찾아가 현장 면접의 기회를 주고, 이를 통해서 원서를 제출할 수 있는 기회를 준다. 면접을 통과해야 로그인해서 지원서를 작성할 수 있도록 아이디를 부여해 주는 것이다.

대학 내 취업 홈페이지에 일정이 올라오기 때문에 만약 제때 확인하지 않으면 2일 안에 끝나는 전형이 쥐도 새도 모르게 끝날 수 있다. 그래서 수시로 확인해 봐야 한다.

나는 취업 준비 기간 중 총 두 번 H백화점의 현장 면접을 봤다. 첫 번째 현장 면접 때는 1분 자기소개서 멘트를 우연히 '백조'와 관련된 이야기로 준비해 갔는데 관심을 받았다. 우연히도 그 그룹을 상징하는 옛 로고가 백조였기 때문이다. 그래서 면접관이 눈을 번뜩이며 H백화점을 상징하는 게 뭔지 아냐는 질문을 했는데, 그 로고가 백조였는지 몰랐다는 말에 금세 실망하는 표정을 감추지 못했던 면접관의 표정이 기억이 난다. 이렇듯 준비를 해야 붙는 게 바로 면접이다.

두 번째 참가했던 현장 면접은 지원 회사가 패션 그룹인 만큼 평범한 검은 정장이 아닌 혼자 파란 치마에 흰 정장을 입고 갔다. 복장이 다소 튀어서인지 질문을 많이 받기는 했다. 하지만 수없이 많은 면접 탈락에 위축되어서인지 자신감 없는 표정으로 긴장만 하다가 대답도 제대로 못하고 탈락했다.

두 번째 현장 면접 참관 때 기억나는 지원자가 한 명 있다. 바로 현장 면접장에 같이 들어가 내 오른쪽에 앉았던 지원자다. 나와 친한 동기의 지인이었는데, 면접 당시 그 친구의 표정이 다소 어두웠는지 다음 번 기업 면접에 가게 되면 방긋 웃어 보이라며 면접관에게 조언을 들었다. 그 조언이 좋은 의미인지 나쁜 의미인지는 몰랐는데, 이후 탈락했다는 이야기를 전해 들었다.

그리고 그 친구 학점이 4.3이라는 것도 알게 되었다. 이 사실만 봐도 취업에는 스펙(학점이나 학교 명성 등)이 전부가 아님을 알 수 있다. 일단 서류에 합격한 이후부터는 모두가 똑같다. 누가 끝까지 떨지 않고 당당한 표정을 보여 주고, 기발하고 센스 있게 대답하느냐가 당락을 결정하는 중요한 사항으로 우선순위가 바뀌는 것이다.

• 네 끼를 보여줘, T기업의 상상마당 •

몇몇 학교에 찾아가 현장에서 작성한 자기소개서만으로 당일 오후에 면접 기회를 주는 기업이 있다. 자신의 끼를 발휘할 수 있는 5분간의 무대를 채용의 한 과정으로 만든 T기업이다.

현장 리쿠르트 당일 오전에 A4용지에 자신이 가진 '끼'에 대한 요약서를 제출한다. 수많은 요약서 중 면접관에게 통과된 지원자들만 오후에 진행될 끼를 발산하는 무대에 오를 수 있다.

취업 준비에 대한 생각이 전혀 없었던 3학년 때는 꽤 많은 선배들이 줄을 서면서까지 요약서를 제출하는 것을 보고 놀란 적이 있다. 하지만 내가 4학년이 되니 T기업이 온다는 소식에 한걸음에 달려갈 수밖에 없었다. 사회적으로 취업이 힘들어지고 있었고, 매년 더 길게 늘어 선 줄을 실감할 수 있었다.

학기 중에 드럼 연주자로 활동했던 이야기를 써서 냈는데 다소 특이한 소재의 스토리였음에도 무대에 서 볼 기회도 없이 탈락했다. 사람마다 특이함의 기준이 다르긴 하겠지만 그만큼 경쟁률이 쟁쟁한 전형임을 보여 준다. 이런 전형에는 학교 생활에 충실했던 높은 학점을 가진 학구파보다는 여러 대외활동을 해서 대인 관계도 좋고, 자신만의 스토리를 지닌 그야말로 '끼'가 있는 지원자들이 합격할 확률이 높다.

학점 부분에서는 자신이 없지만, 몇 년간 지속적으로 인기 블로그를 운영해 온 독특한 경험이나 대학교 연합 동아리에서 회장직을 맡으며 여러 우여곡절을 겪은 사연이 있는 지원자라면 주저 말고 T기업에서 끼를 발휘해 보라.

• I 은행, 당신을 보여 주세요 •

I은행의 채용 전형은 이러했다. 자신의 어떤 매력을 보여 줄 것인지에 대해 10줄 이내로 적어 제출하고, 일주일 뒤 본사로 5분간 발표하러 가는 것이었다. 이 발표 전형에까지 합격하면 공개 채용 시 서류 전형이 면제되어 바로 1차 면접을 볼 수 있는 특혜가 주어진다.

I은행에서 단기 계약직으로 근무할 당시 사내 공모전에 참가해 수상한 경력이 있었기에 그 이야기를 담아 제출했다. I은행과 관련성 있는 내용을 적어서인지 합격했다는 문자를 받았고, 며칠 뒤 중구에 위치한 본사에서 제출했던 내용에 대해 발표하는 기회를 얻었다.

하지만 면접에 임하는 복장에 대해 고민도 하지 않았고, 어떤 도구를 가져가 공모전에서 수상했던 점을 어필해야 하는지 갈피를 잡을 수 없었다. 결국 아무런 도구 없이 면접장에 도착했다. 현장에 도착하니 자신 키의 3분의 2는 넉넉히 넘을 큰 백팩을 메고 온 지원자, 우산 3개를 들고 온 지원자에 이르기까지 별의별 소품을 준비한 사람들로 면접장이 북적거렸다. 스케치북에 뭔가 만들어 온 지원자가 대부분이었고, 카메라를 들고 온 사람들도 여럿 보였다. 이에 반해 스케치북은커녕 아무런 준비도 해 가지 않은 나는 본능적으로 '아 떨어지겠구나'라고 생각했다.

내 차례가 되어 면접장에 들어가서 덤덤히 공모전에 어떤 마음으

로 임했는지를 발표하고 나왔다. 결과는 탈락이었다. 이 I은행 스터디를 했던 세 명 모두 내용에 중점을 맞춰 스터디를 했고, 아무런 소품도 준비해 가지 않았다. 그리고 단 한 명도 합격하지 못했다. 그런 현장 면접의 기회를 잡게 된다면 스케치북이든 뭐든 자신의 열의를 보여 줄 만한 것들을 준비해 가라.

5명이 한 조가 되어서 발표 차례를 기다리는데, 부행장님이 지나가시다 덩그러니 앉아 있는 내게 이렇게 말씀하셨다.

"다들 뭔가 엄청 준비해 왔네요. 인영 씨는 머릿속에 무언가 엄청 준비하신 거죠?"

잡동사니를 들고 엄청 준비해 가라는 말이 아니라, 본인이 후회하지 않을 만큼 준비해 가야 한다는 점을 명심하라. 함께 장기간 금융 스터디를 하던 스터디 조원들 중에서 나만 유일하게 독특한 전형의 서류에 합격했지만 결국 한발 더 나아가지 못했다.

또한 이런 채용 공고가 떴을 때 안 될 거라는 나약함으로 원서조차 넣지 않는 행동은 하지 말라. 나 또한 '될 꺼다'라는 자신감으로 넣은 게 아니라, '안 될 거 같다'는 생각이 더 컸지만 진심을 다해 적었고, 현장 면접이라는 기회를 잡을 수 있었다. 현장 면접에서 더 나아갈 수 있는 준비를 제대로 한다면 서류 면제 후 바로 1차 면접이라는 특혜를 얻을 수 있을 것이다.

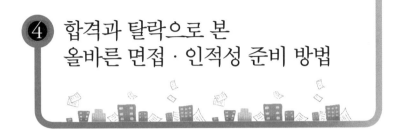

합격과 탈락으로 본 올바른 면접·인적성 준비 방법

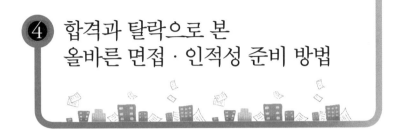

• 시험장 가기 전에 해야 할 일들 •

1. 채용 후기 글 읽고 정리하기 (면접 + 인적성 대비)

취업 사이트나 모교 홈페이지에 '후기'라는 검색어를 치면, 이전에 면접이나 인적성을 치르고 온 지원자들의 후기가 줄줄이 나온다. 근 3년간의 후기들을 정리해서 적다 보면 공통점을 발견하게 된다.

'이 회사는 판매하고 있는 제품에 대해서 주로 묻는구나', 혹은 '어떠한 압박질문에도 포기하지 않는 악바리 근성을 선호하는구나' 등의 기업이 지원자들에게 원하는 게 무엇인지를 파악할 수 있다.

또한 특이한 면접 전형에 참여했던 후기들을 읽으면, 면접장에 가서도 당황하지 않고 임할 수 있기 때문에 합격 확률이 높아진다. 후기를 읽으면서 생생한 면접 시뮬레이션이 가능해져서 똑같은 상황에 처했을 때 당황하거나 긴장하지 않고 그 분위기에 적응하는 데 도움이 된다.

게시판에는 합격 후기 말고도 그 전형에서 탈락한 지원자들의 생생한 탈락 후기도 올라온다. 시간이 된다면 탈락자들이 적은 후기도 읽어 보라. 이미 자신은 그 기업 전형에서 탈락했기 때문에 더 상세한 내용의 후기를 올려놓는다. 그 글들을 보면서 면접장에서 하지 말아야 할 것들에 대한 주의사항을 적어 두고 염두에 두라. 합격자의 후기에서 성공한 팁을 정리해 둔 것과 같이 탈락 후기를 읽는 것도 합격에 가까워지는 길이다.

2. 실제 분위기 조성 후 연습하기(면접 대비)

PT면접이나 혹은 토론면접은 5분 발표나 10분 토론과 같이 보통 일정 시간이 정해져 있다. 때문에 면접을 위한 연습에서도 제한 시간에 맞춰서 연습을 진행하는 것이 도움이 된다. 인성면접의 경우는 개인당 보통 4개 정도의 질문을 받는다. 1대 1 면접도 연습해 보고, 지원자도 면접관도 다수인 다대다 면접과 1명의 지원자와 다수의 면접관으로 이루어진 일대다 면접에 이르기까지 여러 방법으로 연습해 볼 필요가 있다.

PT면접을 연습할 때는 자리에 앉아서 하기보다는 스터디 조원들 앞에 나가서 실제로 발표하는 연습을 해 보는 것이 중요하다. 다른 스터디 조원들 앞에서 연습하는 것을 부끄러워하며 안 하겠다는 조원들이 종종 있었다. 그럴 때마다 면접관 앞에 서면 두 배로 창피하니 지금부터 연습하라고 격려했던 기억이 난다.

간혹 인성면접을 하다가 실수하여 웃음이 나오거나 다른 지원자의 대답에 웃어 버리는 경우가 종종 있다. 이때 자칫 잘못하면 장난스러운 상황이 연출되어서 긴장되고 엄숙한 모의 연습 분위기를 살릴 수 없게 된다. 따라서 누군가 진지하게 면접 분위기를 유도하여 차분한 상태에서 긴장감을 유지할 수 있도록 해야 한다.

3. 최소 2개 이상의 다른 출판사 책으로 문제 풀어 보기(인적성 대비)

대기업의 경우 인적성에 대비할 수 있는 취업 수험서가 시중에 상당히 많이 나와 있다. 이때 후기에서 합격자들이 풀어봤다는 기출문제집 중 선호도가 높은 책 두 권을 골라서 반드시 풀어 봐야 한다.

한 개의 문제집보다 두 개의 문제집이 낫고, 두 개보다 세 개가 나은 것이 사실이다. 하지만 시간적으로 여유가 안 된다면 적어도 두 권 정도는 기본으로 풀어 봐야 문제 유형을 어느 정도 파악할 수 있다.

간혹 같은 출판사에서 인적성 대비 기출 '문제용'과 기초 이론 '학습용'이 따로 나오는 경우가 있는데, 이 두 권을 함께 구매하는 일은 피하라. 같은 출판사의 책은 겹치는 문제도 많고, 문제 유형이 비슷하기 때문에 두 권을 풀어도 그만큼의 도움이 되지 않는다. 서로 다른 출판사의 책 두 권을 사서 풀어 보는 것이 효과적이다. 문제 유형을 다양하게 접하면 접할수록, 다른 문제가 나오더라도 기존에 풀어 봤던 여러 유형을 떠올리며 문제를 풀어 나갈 수 있다. 그래야 실제 시험장에 가서도 당황하지 않는다.

4. 틀린 문제 리뷰 vs 새로운 문제 풀기(인적성 대비)

인적성 대비 모의고사를 풀고 나서 틀린 문제들만 골라서 다시 풀어보는 데에도 상당한 시간이 소요된다. 그래서 간혹 인적성 시험 이 얼마 남지 않았을 때 고민에 빠진다.

'다량의 문제를 많이 푸는 데 집중할 것인가?' 아니면 '틀린 문제 를 파고들어 다시는 안 틀리게 만들 것인가?' 이에 대한 대답은 인 적성이 어렵기로 유명한 기업인가 아닌가에 따라 달라진다. 어려운 문제가 나오는 회사는 '남들이 어려운 건 나도 어렵고, 남들이 쉬운 건 나도 쉬운 문제'가 많다. 때문에 다른 지원자들보다 경쟁 우위에 설 수 있는 방법은 대다수가 풀지 못하는 어려운 문제를 푸는 것이 다. 이런 기업의 인적성을 준비하고 있다면 하나를 풀더라도 제대로 알고 다음 문제로 넘어가라. 즉, 틀린 문제 위주로 계속 연습하라.

반면, 인적성이 그리 어렵지 않다고 소문난 기업의 경우는 무조 건 많은 문제를 접하고 시간 내에 풀어 보는 연습을 하라. 시간 제한 때문에 문제를 계속 못 푼다고 하는 사람들도 하나의 문제에 매달 리기보다는 모의고사 대비 문제집을 2권 이상씩 풀어 보면 문제를 푸는 감각을 익히는 데 도움이 된다.

유명 대기업 중 하나인 S그룹의 인적성은 초등학교 때부터 공부를 잘했던 친구들만 붙기로 유명하다. 똑똑한 편에 속하는 두뇌가 아니라면, 6개월 전부터는 기초부터 다시 공부하고 최근의 시사상식은 매일 체크하면서 준비하라. N금융그룹도 마찬가지로 스터디 조원을 모집해서 장기전으로 준비하면 좋은 결과를 얻을 수 있다.

최소 3개월 전에 준비하면서 1개월은 기본+학습 문제 위주로 풀고, 2개월은 시간을 철저하게 지켜서 모의 문제를 지속적으로 풀어보길 바란다. 그만큼 두 기업의 경우 인적성 전형 자체가 서류 합격자의 대다수를 떨어뜨리는 중요한 관문이다.

5. '이렇게까지 해야 되나?'라는 의구심 버리기(면접 + 인적성 대비)

인적성이나 면접에 대비하기 위해서 꼭 스터디까지 해야 하냐고 묻는 후배들이 있다. 자신의 성격에 따라 그 여부를 결정하면 된다. 인적성은 자신이 준비한 만큼 점수에 그대로 반영된다. 혼자서 할 자신이 없다면 반드시 스터디를 하라. 스터디라는 것이 타인과의 약속에 의해 학습을 하게 되는 것이기 때문에 지각하거나 불참 시 벌금을 내는 규칙을 만들어 두고 스터디를 진행한다면 더 효과가 있다.

반면, 혼자서도 매일 꾸준히 일정한 개수의 문제를 시간에 맞춰서 풀어볼 수도 있고 평소 스스로와의 약속을 잘 지키는 생활을 습관화하며 살아온 지원자들은 혼자 하는 게 더 낫다. 일례로 인적성 스터디를 진행하면서 문제를 잘 푸는 사람이 다른 지원자들에게 문제를 알려주다가 정작 자신이 풀어야 하는 문제는 풀지 못하고 스터디 시간을 보내는 것을 봤다.

다른 지원자가 모르는 문제를 풀어주는 과정에서 수학공식이 확실하게 자신의 것이 되기도 하지만, 그 시간을 나에게 부족한 무언가를 채우는 시간으로 보낼 수도 있을 것이다. 때문에 모두가 스터디를 한다고 덩달아 하지 말고 본인의 성격이나 공부 스타일을 고려해 참여 여부를 결정해야 한다.

또 인적성은 시간이 된다면 스터디 여부에 상관없이 일단 미리 준비하는 것이 좋다. 제한된 시간 안에 문제를 풀어야 하는 것은 모든 회사의 공통적인 인적성 전형의 특징이기 때문에 인적성 자체를 미리 준비해 둔다면 나중에 큰 도움이 될 것이다. 정성 들여 적은 자기소개서로 서류 합격 기회를 얻는다 하더라도 면접관을 만나기도 전에 인적성 관문에서 막힌다면 그만큼 안타까운 일도 없다.

⌒• 인성검사가 당락을 좌우할까? •

물론 그렇다. 인적성 전형 중에 인성을 보기 위한 목적으로 실시되는 것이 인성검사다. G기업은 서류 전형에 합격하면 바로 인성검사가 기다리고 있다. 다소 특이한 점은 오프라인이 아닌 온라인 상에서 진행된다는 것이다. 이후 K공기업에서도 이와 같은 방법으로 인성검사에 임하게 되었다. 두 기업 모두 온라인 인성검사에서 탈락했다.

답변을 하지 않은 항목도 없었고, 있는 그대로 질문에 참여했지만 좋은 결과를 얻지 못한 것을 보면, 기업에서 원하는 지원자의 성격이 어렴풋이 정해져 있다고 생각된다. 지금 다니는 회사도 온라인 인성검사를 진행했다. 이전과 같이 내 성격에 가까운 답변에 체크했고, 유일하게 합격 소식을 들은 것 또한 그 증거라 할 수 있다.

인적성은 명목상 존재하는 채용 전형 중의 하나가 아니다. 기업에서 원하는 인재상에 조금이라도 가까운 지원자를 뽑기 위한 관문이고, 이는 온라인 인성검사도 마찬가지다. '그냥 대충 봐도 되겠지'라는 마음이 아니라 '꼭 붙어야 된다'는 생각으로 철저하게 준비하라.

회사에서 원하는 인재의 모습은 회사 홈페이지를 잘 찾아보면 알수 있다. 물론 인적성 검사에서 무조건 인재상에 가깝게 대답하기위해 홈페이지를 방문해서 머릿속에 기억해 두라는 말이 아니다. 만약 아래와 같은 인적성 문제가 나왔다고 가정해 보자.

문) 다음 보기에서 자신을 가장 잘 나타내는 단어를 고르시오.

1. 성실
2. 솔직
3. 발랄
4. 용감

이 문제를 읽고 본인은 답 항목 중에 용감과 발랄 두 가지 모두 가까운데 어떻게 해야 할지 고민하고 있을 수 있다. 이때 인재상에

'용감'이 언급되어 있었다면, 질문을 체크할 때 용감을 고르라는 말이다.

말 그대로 인성검사는 본인의 성향과 태도를 파악하기 위한 관문이지 지식을 평가하기 위한 척도가 아니다. 그렇기 때문에 인적성 시험을 보면서 본인이 갖고 있는 성격과 생각을 일관되게 전달하는 게 중요하다. 합격했던 기업들의 인성검사를 떠올려보면 다소 헷갈리는 부분을 제외하고는 거짓 없이 내가 어떤 사람인지 확고하게 체크했다.

기업 입사를 위해 거쳐야 할 모든 관문은 '그냥 재미로 보는 것'이 아니다. 관문마다 통과하는 지원자 수가 달라서 상대적으로 더 붙고 덜 붙고의 차이일 뿐이지, 명목상 그냥 존재하는 전형은 하나도 없다. 때문에 매 전형이 마지막 기회일 수도 있다는 생각으로 간절하고 진지하게 임하라.

• 인적성 준비 시점 •

3년간의 채용 전형을 통틀어서 처음으로 인적성 전형에서 탈락했던 곳이 A백화점이었다. 당시에는 나의 미흡한 준비를 반성하기보다는 문제가 어려웠고 컨디션이 따라 주지 않아서 떨어졌다고 생각했다. 그래서 탈락의 이유도 분석하지 않았다. 더욱이 미리 준비하지 않아도 그 이후 E기업, U기업 등 인적성에서 탈락자가 많다는 기업에서도 내 나름의 준비 방법으로 인적성 시험을 통과했고, 이에 인적성에 대한 중요도를 점점 간과하게 되었다.

그러던 중 서류 통과도 어렵다는 B은행으로부터 합격 소식을 들었다. 하지만 연이어 진행된 인적성 시험에서 탈락해 면접장에는 들어가 보지도 못하고 기회를 놓쳤다. 그때쯤 나는 기업 중 어디라도 가야 된다는 생각으로 하루 평균 2~3개 기업에 이력서를 넣고 있었기 때문에 인적성 시험을 준비할 시간이 없었다.

게다가 본격적인 하반기 채용 전까지 토익 점수를 900점으로 만들기 위해 토익 학원도 다니고 있었다. 인적성 시험에 필사로 매달리지 않아도 붙을 수 있다는 착각에 빠져 고작 3시간 공부하고 시험장으로 향했다. 필기 시험은 G대에서 치러졌고, 응시자는 100명 정도였다. 시험 문제 중 '스미싱'과 '파밍'이라는 비교적 쉬운 신조어가 나왔는데, 이조차도 적지 못하고 시험장을 나왔다. 시험이 끝나고 워낙 빈칸으로 남겨둔 곳이 많아서 떨어질 거라는 생각이 들긴 했는데, 어김없이 적중했다.

이후 연이어 Z기업으로부터 서류 합격 소식을 들었지만, 인적성 시험에서 동일한 이유로 탈락했다. 이때부터 인적성 시험에서 탈락하면 면접의 기회도 없다는 문제의 심각성을 깨달았다. 이후에는 서류 합격자 발표가 난 뒤 인적성 시험이 시행되기 전까지 며칠이 남았는지 달력에 표시해 두고 인적성 대비 공부 스케줄을 정해 놓았다.

나는 8개 정도 기업의 인적성 문제를 접했고, 내 경험상 각 유형마다 합격할 수 있는 방법을 간략히 정리해 보았다.

⌒• 인적성 합격 TIP •

✉ H은행과 E기업은 인적성 유형이 비슷했고, 결과도 두 군데 모두 합격으로 같았다. 언어 영역의 경우는 지문 속 내용에 대한 설명으로 '1. 참', '2. 거짓', '3. 알 수 없다' 중에서 답을 고르는 문제가 제시된다. 이 문제는 그 패턴을 파악하면 쉽게 풀 수 있다.

예시를 통해 감을 잡아 보자. 지문에 '체리는 빨간색이 아니다'라는 말이 나와 있다. 질문은 '체리는 노란색이다'이고 정답 보기로는 '참', '거짓', '알 수 없다' 세 가지가 있다. 몇 번이 정답일까?

정답은 '거짓'이다. 지문에는 분명 제시되어 있는 내용이지만 문제 지문에 틀린 문장이 나와 있으면 '거짓'에 체크하는 것이고, 아예 언급조차 되어 있지 않다면 '거짓'이 아니라 '알 수 없다'를 답으로 체크하면 된다. 이처럼 기출문제를 모아 놓은 모의고사 대비용 책을 접하다 보면 문제를 풀어 나가는 데 기준이 선다. 이런 기준은 실제 인적성 시험장에서 문제 푸는 시간을 단축시켜 줄 수 있다.

아래 기출문제를 통해 한 번 더 이해해 보자.

예시문제) 2013년 E기업 인적성 검사 기출문제

미국의 머피(Edward A. Murphy) 공군대위는 전극봉으로 가속된 신체가 갑자기 정지될 때의 상태를 측정하는 급감속 실험을 진행하였으나 모든 실험이 실패하였다. 그 이유는 어느 기술자의 작은 실수로 인해 전극봉의 배선이 바르게 연결되지 못했기 때문이었다. 이런 상황을 지켜보던 머피는 "어떤 일을 하는 데에 여러 가지 방법이 있고, 그 중 한 가지 방법이 재앙을 불러온다면 누군가는 반드시 그 방법을 쓴다"고 말하였다.

여기에서 유래된 머피의 법칙이란 그 후로 자신이 원하는 것은 이루어지지 않고, 우연히도 안 좋은 쪽으로만 일이 진행될 때를 의미하게 되었다. 예를 들어 마트에 있는 내가 10개의 계산대 중 하나를 선택하면 그 계산대의 속도만 느려지는 것이 머피의 법칙이다. 그런데 확률적으로 살펴보면 10개의 계산대 중 내가 선택한 줄이 가장 빨리 줄어들 가능성은 1/10에 불과하고, 나머지 9개의 줄이 빨리 줄어들 가능성은 9/10에 달한다. 따라서 내가 서지 않은 줄이 빨리 줄어드는 것은 당연하고도 자연스러운 일이다.

1. 바라던 것은 실현되지 않고 예상하지 못한 나쁜 방향으로만 일이 진행될 때를 머피의 법칙이라 부른다.

① 참   ② 거짓   ③ 알 수 없다.

- 정답 : ①
- 풀이 : 네 번째 문장을 살펴보면 참임을 확인할 수 있다.

2. 미국의 공군대위인 머피에 의해 머피의 법칙이 명명되었다.

① 참   ② 거짓   ③ 알 수 없다.

- 정답 : ③

- 풀이 : 머피의 법칙은 급감속 실험이 실패하자 그 원인에 대해 머피가 했던 말에서 유래되었다. 하지만 머피에 의해 지어졌는지는 언급되어 있지 않기에 '예문'만으로 그 여부를 확인할 수 없다.

3. 많은 사람이 서 있는 여러 줄 가운데 내가 선택한 줄만 줄어드는 속도가 느린 것은 우연의 일치이다.

① 참   ② 거짓 .   ③ 알 수 없다.

- 정답 : ②

- 풀이 : 지문 내용 중에 '사람들은 자신이 선택한 줄만 줄어드는 속도가 느린 것이 머피의 법칙이라고 생각하지만, 확률적으로 따져 보면 당연하고도 자연스러운 일'이라고 언급되어 있다. 따라서 우연의 일치라는 표현은 잘못되었다는 것을 확인할 수 있다.

이번엔 수리영역을 살펴보자. 수리영역은 문제를 풀기 전, 6개 정도의 표가 제시되어 있다. 그 이후로는 문제가 나오는데 앞서 제시되었던 6개의 표를 참고해 풀어야 한다. 하지만 6개의 표 중 어떤 표를 보고 문제를 풀어 나가야 하는지는 스스로 찾아내야 한다.

예를 들어, 1번 문제는 1번째 표를 보고 풀어야 하는 문제, 2번 문제는 2번째 표를 보고 푸는 문제가 아니라, 1번 문제는 6번째 표를 보고 풀고 2번 문제는 4번째 표를 보고 풀어야 하는 식으로 순서가 뒤섞여 있어서 표를 찾는 것만도 상당한 시간이 소요된다.

이런 문제 유형이 나올 경우, 일단 당황하지 말고 순서대로 풀도록 하라. 문제를 풀다가 한 번에 풀리지 않는 문제가 나오면 몇 번째 표를 참고해 풀어 나가야 하는지 문제 번호 옆에 적어 두고 맨 마지막에 풀면 된다. 처음에 안 풀렸던 문제도 조금 시간을 두고 다시 살펴보면 풀릴 때가 있다. 때문에 한 문제만 잡고 씨름하기보다는 미련 없이 다음 문제로 넘어갈 줄도 알아야 한다.

H은행의 인적성은 수리영역과 언어영역만 있으며, 각 영역마다 10문제씩 나온다. 다른 시험과 달리 지면이 아닌 컴퓨터 앞에 앉아 전산 프로그램상에 정답을 체크해야 한다. 문제를 풀 수 있도록 종이는 주는데, 연습지와 화면을 번갈아 보느라 문제 푸는 시간이 더 소요된다. 또한 컴퓨터 화면상에 남은 종료 시간이 보이기 때문에 초조해서 문제가 잘 안 풀릴 수 있다.

이런 문제를 푸는 데는 방법이 있다. 똑같은 상황을 만들어 미리 연습하면 된다. 내가 했던 방법은 핸드폰 카메라로 문제를 찍어서 컴퓨터로 전송하는 것이다. 이 화면을 넘기면서 연습장에 문제를 풀면 실제 시험장과 같은 상황을 연출할 수 있다.

다음은 A백화점과 U기업의 인적성 유형이다. A백화점 인적성에서 탈락한 후 3주 후 있었던 U기업의 인적성에서는 합격했다. 두 개가 같은 유형의 시험이었음에도 한 개의 기업 인적성 전형에서만 합격했던 이유가 있다. 바로 풀어본 문제집 수의 차이 때문이다.

A백화점 때 풀어 본 인적성 모의고사 문제집 수는 두 권이었고, U기업의 인적성을 준비할 때는 여섯 권에 가까운 문제집을 쉴 새 없이 풀었다. 그러다 보니 어떤 공식으로 문제를 풀어야 하는지 파악하는 데 소요하는 시간을 단축시킬 수 있었다.

하지만 권당 만 원이 훌쩍 넘는 인적성 문제집을 두 권 이상 구매

돈이 넉넉지 않은 취업준비생들에게 북카페에서 책을 참고해 공부하는 것은
돈을 절약할 수 있는 팁이자 합격의 지름길!

하는 것은 수입이 없는 취업준비생에게 부담이 될 수 있다. 그럴 때는 서점이나 도서관에 가면 된다. 나도 처음에는 인적성 대비 문제집을 구매했지만 여러 기업에 붙었을 때는 직접 구매하기에는 비용이 만만치 않았다. 그래서 여의도에 있는 Y서점에서 인적성 문제집을 보면서 풀었다. 물론 직접 책에 낙서를 할 수 없었기 때문에 불편하다는 단점이 있다. 하지만 종이가 구겨지지 않게 풀기 위해 문제를 풀다 보니 긴장감이 더 배가 되어 오히려 실제 시험장에 온 것처럼 문제 푸는 연습을 할 수 있었다.

A백화점과 U기업의 인적성 난이도는 별 5개 중 3개 반이다. 전체적으로 까다로운 문제가 많지는 않으나, 제한된 시간 내에 풀기에는 턱없이 부족한 시간들이었다. 이런 인적성 유형은 같은 유형의 문제들을 지속적으로 접해 보는 것이 좋다. 몇 번 풀다 보면 어떤 방법으로 문제를 풀어야 하는지 쉽게 파악되기 때문에 실제 시험장에서 남들보다 빠른 속도로 답을 구할 수 있다.

면접관 앞에서 반드시 주의해야 할 점

• 나를 제대로 파악하자 •

I은행에서 단기 계약직으로 근무하고 있을 때, I은행 무기 계약직 서류 전형에 합격한 적이 있다. 몇 년 전까지 은행에서는 고등학교만 졸업해도 지원할 수 있는 '텔러직'이라는 직무가 따로 있었다. 은행 공채 직원들과 가장 큰 차이점은 여신 관련 분야를 다룰 수 없다는 것이다. 이러한 '텔러직'이 '무기 계약직'이라는 전형으로 바뀌었고, 말 그대로 계약 직원이지만 정년이 보장되고, 복지 부분도 정규직과 동일한 처우를 받는다.

은행 취업은 전공을 불문하고 취업준비생들의 선호도가 높다. 타 기업에 비해 까다로운 조건도 없고 뽑는 인원도 보통은 50명이 넘기 때문에 상당수의 취업준비생들이 채용 지원 서류를 넣는다. 하지만 어마어마한 경쟁률과 은행 인력 채용 감소 경향으로 인해 그 경쟁 양상이 과열되었고, 이러한 시기에 무기 계약직의 등장은 취업준비생들의 희망과 같았다.

이 기업에 대한 이미지가 좋아서 단 한 번이라도 면접 기회가 있었으면 했기에, 합격 통보를 받자마자 면접 스터디를 시작했다. 서류 합격 후에는 1차 인성면접과 PT면접, 그리고 2차 인성면접을 거쳐 최종 입사로 이어지는 과정이 기다리고 있었다.

스터디에 참여한 지원자들의 이력을 보니 은행 정규직 면접에서 한 번씩은 떨어진 경험이 있는 지원자가 대부분이었다. 은행 면접을 준비했던 지원자들이라 그런지 스터디도 수월하게 진행되었고 서로 도움을 줄 수 있었다.

나는 주말밖에 시간이 없어서 스터디를 토요일과 일요일에 두 차례밖에 할 수 없었고, 이틀 뒤 기흥에 위치한 연수원으로 면접을 보러 갔다. 면접시의 복장은 자유 복장이었고, 면접장에 도착해 보니 각양각색의 드레스 코드를 볼 수 있었다. 9센티미터의 높은 하이힐을 신고 온 여자 지원자에서부터 운동화에 후드티를 입고 온 어려 보이는 지원자까지 다양했다. 옷을 입은 스타일로 그 사람의 성격을 보는 것은 일반화의 오류일 수 있지만, 옷 취향을 보면 그 사람의 성향을 어느 정도 파악할 수 있다. 어쩌면 그런 이유로 인해 자유복을 입으라고 했는지도 모르겠다.

총 10개 조가 있었고, 각 조는 8~9명의 지원자로 이루어졌다. 연수원 버스에서 내리자마자 강당에 들어가 간략하게 서류 작성을 했다. 기존에 제출했던 이력서에 작성한 내용을 요약해서 적는 작업이었는데, 자격증 보유 사항 등을 적고 이를 증명할 서류를 제출했다. 또한 간단하게 자기소개서 사항도 수기로 다시 작성했다. 제출했던 내용이 기억나지 않는 사람들은 제출했던 이력서를 출력해 가서 그대로 옮겨 적을 수 있으니 참고하라.

1시간 반에 걸친 서류 작성이 끝난 뒤 내가 속한 조에서는 세일즈 면접이 진행되었다. 지원자들이 무작위로 사진을 뽑았고, 사진에 제시된 물건을 판매하는 면접이었다. 무언가를 팔거나 이야기하는 데 자신도 있었고, 은행을 준비하는 지원자라면 필수라고 생각하는 세일즈면접이었기에 그간 연습한 것을 바탕으로 순발력 있게 발표할 수 있었다.

콜라가 가득 들어 있는 페트병 사진이 나왔다. 나는 순간 떠오른 아이디어로 이것을 아령으로 바꿔서 판매했고, 병이 미끄러지지 말라고 볼록 튀어나온 것은 지압용이라고 홍보했다. 발표가 끝나고 "뽑히실 것 같다"는 다른 지원자들의 격려의 말을 들으니, 이 전형 때문에 떨어지지는 않겠다는 생각을 했다.

이후에는 인성면접이 진행되었다. 지원자들이 한 명씩 면접관이 있는 방에 들어가서 일대일로 인성면접을 봤다. 20분쯤 대기하다가 내 차례가 되었고, 방에 들어가자마자 받은 첫 번째 질문은 "인턴 경험에 대해 말해 보라"는 것이었다. 세부 질문으로 인턴을 왜 했는지와 어떤 일을 했는지에 대해 물었고, 영업과 홍보 일을 했으며 세일즈 등을 배우고 싶어서 지원했다고 답변했다.

두 번째 질문은 "본인의 장단점에 대해 말해 보라"는 것이었다. 사실대로 말하는 게 최선이라고 생각했기에 단점을 묻는 질문에 급한 성격 탓에 파쇄기에 종이가 걸려서 기계를 분해한 적이 있었다고 말했다. 면접관은 꼬리질문으로 그러한 성급함이 단점도 되지만 장점으로도 부각될 수 있다고 보는데 장점은 없냐고 물었다. 나는 한 번도 성급한 성격을 장점으로 생각해 본 적이 없기에 잠시 머뭇거리다 없다고 답했고 더 이상의 질문은 들어오지 않았다.

'생각 없는 지원자, 생각하지 않는 지원자'로 보이지 말자고 몇 번이나 다짐했지만 질문에 대해 고민도 하지 않은 채 또 없다고 대답해 버린 것이다. 세일즈면접은 100점 만점에 100점이라고 자부했지만, 인성면접에서 장점하나 어필하지 못하고 성급함이라는 단점을 허심탄회하게 말해 버리고 말았다.

'나는 이런 점이 매력입니다'를 보여 주어야 하는 면접의 기본적인 목적을 달성하지 못했다. 집으로 돌아오는 버스 안에서 불합격을 확신했다. 아나나 다를까 10일 후 불합격 통지를 받았다. 세 번 이상 면접을 본 지원자들은 합격 여부에 대한 예감이 생기게 된다. 내가 이 회사에 붙을지 떨어질지 혹은 어느 전형 때문에 떨어지게 되었는지 어느 정도 감이 오게 된다.

그 감을 단순히 떨어짐과 붙음을 예측하는 데 쓰지 말라. 결과가 나오기 전에 느꼈던 그 감을 반드시 수첩에 실패 혹은 성공 요인으

탈락의 경험을 발판으로 합격을 위한 가장 좋은 연습을 하자!

로 적어 두어야 한다. 이는 다른 기업에서 면접 기회가 왔을 때 수첩을 반드시 참고해 연습한다면, 반복되는 실패 요인을 막는 비밀병기가 될 수 있다.

첫 면접에서 탈락한 이후 2년 동안 번번이 똑같은 실수로 면접에서 탈락한 이유는 스스로의 장단점을 제대로 파악하지 않았기 때문이다. 면접 기회를 많이 얻는 게 중요한 게 아니다. 수차례의 면접을 보고도 최종 결과가 불합격이라면 면접에 임하는 나의 태도에 문제가 있는 것이다. 한 번의 면접을 보더라도 처음부터 끝까지 생생하게 기록하고, 면접 당시 아쉬웠던 점이나 잘했던 점들을 적어 두는 게 중요하다. 이런 과정을 통해서 내가 면접장에서 어떤 점을 보여 줄 수 있고, 어떤 점은 조심해야 하는지 명확하게 알 수 있게 된다.

만만한 회사는 없다

제약회사 영업직무(MR)의 경우 상대적으로 서류 합격률이 높았다. 채용 인원을 많이 뽑기도 하지만 높은 학점 등의 특별히 요구되는 자격 사항이 없기 때문에 적극성과 외향성을 갖춘 성격임을 자기소개서에 잘 담아서 쓴다면 서류 합격은 비교적 수월하다.

사실 나는 제약 영업인지 모르고 'MR'이라는 직무에 썼다. 알고 보니 'MR'이 바로 제약 영업이었다. 정확히 무슨 직무인지도 모르고 이력서를 넣었지만 서류 합격을 했고, 일주일 후 1차 면접을 보게 되었다. 첫 번째 관문은 인성면접이었다. 3명의 지원자가 2명의 면접관과 마주하고 면접을 봤다. 약사나 의사를 만나 약에 대해 설명하고 약을 판매, 유치해야 하는 직무여서 대인 관계나 문제 상황을 제시하고 해결 방안을 답하라는 등의 지원자의 순발력을 알아보는 질문을 주로 받았다.

첫 번째 질문은 "만약 어렵게 잡은 고객과의 약속이 집안의 중요 행사와 겹쳤다면 어떻게 할 것인가?"였다. 두 번째 질문은 "근 5년간 리더로서 활동했던 경험과 느낀 점을 말해 보시오"였고, 그 이후에도 지원자의 어떤 면모가 보고 싶은지 알 수 있는 질문들을 계속해서 받았다.

처음으로 받았던 질문처럼 "A나 B 중 무엇을 고를 것인가?"라는 질문에는 보통 정답이 없다. 둘 중 하나를 고르고 그 이유를 논리 정연하게 말하면 그게 정답인 것이다. 또한 두 번째 질문과 같은 리더십을 묻는 질문에는 "나는 대외적으로 리더를 했던 적이 없다"고 딱 잘라 말하기보다는 교회 청년회나 강의를 들으면서 모임의 조장으로 활동했던 경험을 떠올려 보라. 무조건 없다고 말하는 것만큼 어리석은 답변도 없다. 규모가 작더라도 어떤 모임을 이끌었던 경험을 말하는 게 면접관이 듣고 싶어 하는 대답이다.

활발한 두뇌 회전이 필요했던 인성면접이 끝나고 토론면접이 진행되었다. 9명이 한조가 되었고, 인사 담당자가 대기실에 들어오더니 사회자를 선택하라고 했다. 주제가 원자력발전소 유치에 대한 생각을 묻는 것이었다. 나는 당시 그 주제에 대해 아는 바가 거의 없어서 자진해서 손을 들고 사회자를 맡았다. 사회자는 토론의 주제에 대해 잘 알지 못해도 진행할 수 있다는 장점이 있다. 다만 토론이 진행되면 다른 지원자들의 발언을 놓쳐서는 안 된다. 찬성과 반대 의견이 몇 번 오가면 이를 중간에 정리해 주어야 하기 때문이다. 또한 긴장되는 와중에 면접자들의 이름을 외워야 한다는 점에서 상당한 암기력도 요구된다.

발언을 정리하랴, 지원자들의 얼굴과 이름을 일치시키랴, 상당히 정신이 없었다. 결국 지원자 한 명의 이름을 잘못 부르긴 했지만, 다행히도 합격해서 2차 면접까지 갈 수 있었다. 2차 면접은 같은 직무에 지원한 여자 지원자들이 모두 면접장에 같이 들어가서 면접을 봤다. 맨 마지막 조로 배정되어 대기 시간이 길었다. 자연스레 옆 지원자들과 이야기를 나누는 도중에 1차 면접에 참석하지 못했던 일부 지원자들에게 2차 면접의 기회를 준 사실을 알게 되었다. 그 이유는 알지 못했지만 이 말을 듣는 순간, 기업에 대한 호감도가 떨어졌고 면접장에 진지하지 못한 태도로 들어가게 되었다.

2차 면접은 1차 면접에 합격한 여자 지원자 15명이 한 줄로 앉고도 남을 만한 대회의장에서 치러졌다. 면접관은 모두 7명이었다. 면접장 입장 후 자리에 착석하자마자 자기소개와 자신을 한 단어로 표현하라는 공통 질문을 받았다. 맨 오른쪽부터 15명의 지원자가 차례대로 두 가지 질문에 대답했다. 각자 자신이 "별이다", "저는 시계입니다", "저는 타이레놀입니다" 등등 다양한 답변이 나왔다. 대부분 앞서 나온 대답은 피하는 듯한 분위기였고, 15명 중 자신을 표현한 단어가 겹치는 지원자는 한 명도 없었다.

한 면접장 안에서 공통 질문이 주어지면 난감할 때가 생긴다. 내가 머릿속으로 생각해 둔 답변을 앞선 지원자가 말하게 되면 당황하게 된다. 이럴 때 대처하는 방법도 그 질문에 대한 답변의 상황에 따라 두 가지 경우로 갈린다. 질문의 난이도가 좀 있고, 순발력보다 평소 생활 태도를 묻는 질문이라면 앞선 지원자와 같은 답변을 하더라도 본인이 원래 말하려고 생각했던 것을 말하라. 괜히 겹치지 않기 위해 다른 경험을 꺼내다 보면 당황해서 말이 엉킬 수 있다. 차라리 재치 있게 "지루하게 옆에 지원자와 똑같이 대답해서 죄송합니다만……"라는 말을 시작으로 부연 설명을 조금이나마 다르게 하면 훨씬 더 자연스럽고 솔직한 대답이 될 것이다.

반면, 순발력을 원하는 즉흥적인 질문의 경우라면 이야기가 달라진다. 이미 앞에서 다른 지원자가 내가 머릿속으로 생각하던 답변을 언급했다면, 가능한 다른 대답으로 바꾸도록 해야 한다. 면접관들이 지원자들의 재치를 보고 싶은 질문을 던졌다는 것은 지원자들의 번뜩이는 사고방식을 보고 싶다는 뜻이다. 그렇기 때문에 겹치지 않는 자신만의 답변으로 창의성을 보여 줘야 한다.

세 번째로 받은 공통 질문은 "어떻게 제약 영업에 임할 것이냐"는 것이었다. 오른쪽부터 대답을 했고, 7번째 자리에 앉아 있던 나는 머릿속으로 질문에 대한 답변을 계속 생각했다. 물론 면접관들이 머릿속으로 생각하고 있다는 것을 눈치채지 못하도록 가능한 밝은 표정으로 정면을 바라보며 머리를 굴리고 있었다. 그리고 내 차례가 왔을 때 다음과 같이 대답했다.

"뚝심 있게 영업할 것입니다. 제 남자 친구는 약사입니다. 한번은 손님도 많고 바쁜데 제약회사 직원이 찾아왔고, 모른 척하면서 1시간 정도를 세워뒀고, 귀찮은 마음에 별생각 없이 내일 똑같은 시간에 오라고 했다고 합니다. 그런데 정말 1분도 안 늦고 똑같은 시간에 와서 그 자리에 묵묵히 서 있는 것을 보고 안 만나 볼 수 가 없었다고 합니다. 이처럼 뚝심을 갖고 약사에게 신뢰를 줄 수 있는 영업사원이 되겠습니다. 앞으로도 남자 친구의 조언을 듣고 약사의 입장을 헤아리며 제약 영업을 하겠습니다."

나는 약사인 남자 친구의 이야기를 통해 어떠한 마음가짐으로 제약 영업을 해야 하는지 쉽게 알 수 있었다. 질문에 대한 답변이 마음에 들었는지 자신의 앞에 놓인 지원자들의 이력을 보느라 고개를 숙이고 정신없이 서류를 살펴보던 면접관들이 모두 고개를 들어 일

제히 나를 바라봤다. 관심을 받은 것이다. 아니나 다를까 공통 질문이 모두 끝나고 개별 질문이 주어졌는데 첫 주자가 나였다.

"남자 친구가 면접에 대해 조언해 준 것 아니냐"는 질문에 나는 큰 실수를 하고 말았다. "아닙니다. 남자 친구에게는 제약 영업을 지원했다고 말도 안 했습니다"라고 말하고 웃어 보였다. 철이 없었던 당시 제약 영업 직무가 부끄러웠고, "지원한 사실을 남자 친구한테 말하지 않았다"고 대답했다. 아마 면접관들이 듣기에는 제약 영업을 하찮게 여기는 것으로 보였으리라 생각한다.

그 뒤로 나에게 더 이상의 질문은 들어오지 않았고 불길한 예감은 들어맞았다. 2차 면접의 결과는 탈락이었다. 기업에 지원하다 보면, '내가 이런 기업에까지 지원서를 써야 돼?'라는 생각으로 이력서를 작성하고 있을 때가 있다. 차라리 그 시간에 기쁜 마음으로 자신이 가고 싶은 기업에 대해 더 조사하길 바란다. 가기 싫은 면접장에 가게 되면 오히려 그 기업을 간절하게 원했던 누군가는 서류 전형조차 통과하지 못하고 떨어질 수도 있다. 입장을 바꿔서 내가 다른 누군가 때문에 떨어졌다고 생각해 보라. 더욱이 진지함 없이 불만에 가득 차 그 기업에 원서를 쓰고 있는 것 자체가 본인의 시간만 축낼 뿐 도움이 되지 않는다.

그동안 150여 개가 넘는 기업에 이력서를 제출하면서도 불평불만 혹은 무성의하게 넣었던 기업이 있다는 게 후회가 된다. 그런 무의미한 시간에 차라리 더 간절하게 원했던 기업의 이력서 작성에 집중했더라면 취업 기간이 훨씬 짧아졌을 것이다.

내가 얕잡아 보는 회사에 지원하더라도 최종 합격하기까지는 '하늘에 별 따기'만큼 어렵다. 물론 일부 기업 정도는 자신감 넘치는 태도로 인해 합격하겠지만, 그 이후 '이런 회사쯤이야'라고 생각하며 무시했던 직무도 결코 호락호락하지 않은 게 신입사원의 현실이다.

　취업 활동을 할 때 정확한 정보가 아닌 이상 주변에서 하는 말은 크게 신경 쓰지 말라. 나 역시 친구들에게 입사 서류를 넣은 회사 이름을 말하면, "으악, 거긴 왜 썼어? 갈 데가 없어서 마구잡이로 썼구나?"라는 말이 되돌아왔었다. 물론 마구잡이로 지원서를 냈던 기업도 많았지만 막상 그 친구한테 그 기업의 서류만이라도 붙어보라고 하면 못한다. 그만큼 기업에 대한 평가는 본인이 하는 것이다. 절대 다른 사람들이 들려주는 정보로 기업을 판단하지 말라. 소신을 갖고 정확한 자료를 바탕으로 선택과 집중을 하며 지원해야 한다. 또한 내키지 않는 기업에 이미 붙어서 면접장에 간다면, 그 회사에 다닐지의 여부는 최종 합격 후에 판단하고 처음부터 끝까지 진지하게 임해야 한다. 그래야 나중에 후회가 없다.

" 면접 질문에 대한 답변 연습 방법 "

면접 경험이 적은 대부분의 취업준비생이 딜레마에 빠지는 것이 있다. 면접 질문에 대한 답변을 숙지해야 말이라도 할 텐데, 그렇다고 외우면 대화가 아니라 일방적으로 말하는 딱딱한 어투가 될 것 같아서 고민에 빠진다. 그 해결 방법은 일명 '키워드 나열' 연습이다. 말할 내용의 핵심 키워드를 적어 놓아 면접 질문에 대비하는 것이다. 예를 들어 "학교 생활 중에 가장 기억에 남는 것은 무엇입니까?"라는 질문에 대비하기 위해 다음과 같이 적어 두는 것이다.

하이티쳐 봉사활동 – 내 할 일만 하기 – 아이들과 선생님들과의 불협
화음 – 함께해야 한다는 것 배움

이렇게 적은 키워드를 외워 보라. 그리고 생각나는 대로 살을 붙여서 말하면 된다. "하이티쳐 봉사활동을 한 경험이 기억에 남습니다. 처음 봉사에 참여했을 때는 주어진 시간만 채우고 내 일만 하면 된다고 생각했는데 그게 아니었습니다. 제가 돌보는 아이들뿐만 아니라 다른 아이들도 돌보면서 학생들의 수준을 파악하고, 좋은 학습 지도안이 있으면 다른 봉사 선생님들과도 회의를 통해 공유했을 때 더 좋은 결과를 볼 수 있었습니다. 이처럼 내 일만 고집하는 게 아니라 어떤 일을 하더라도 전체를 봐야 한다는 것을 배웠습니다."

이런 방식으로 중요 단어 혹은 문장들만 적어 두면, 하고자 하는 이야기의 핵심을 전달하면서도 외우지 않은 것처럼 자연스럽게 말을 할 수 있다.

키워드만 나열해서 술술 이야기하는 것 자체도 기억이 안 날까봐 불안해하는 사람도 있는데, 그럴 경우 내용을 전부 적고 100번 넘도록 읽고 아예 완전히 외워 보라. 그러면 어느 순간 이야기하듯이 자연스럽게 말이 나오는 때가 있다. 이처럼 면접에 임하는 기본자세를 미리 숙지해 두면, 나중에 자신이 원하는 기업으로부터 서류 합격 소식을 들은 뒤 부랴부랴 준비하느라 초조해하지 않아도 된다.

⑥ 스터디의 힘

• 좋은 스터디를 만드는 법 •

2013년 6월 말, 금융권 취업 대비 스터디를 꾸렸다. 이전에는 서류가 합격하면 부랴부랴 다음 전형에 대비하기 위해 급하게 스터디원들을 모집했었는데, 처음으로 장기전으로 금융권 취업을 준비하는 스터디를 시작했다.

스터디를 하는 이유는 다양하다. 혼자 취업 준비하는 과정에서 외로움을 덜 수 있다는 장점이 있다. 또한 스터디를 하면 다른 사람들이 발표하는 시사 이슈 내용을 귀로만 대충 들어 두어도 나중에 여러모로 도움이 된다. 이미 알고 있는 지식을 다른 조원들에게 말하게 되면 그 정보를 확실하게 내 것으로 만들 수 있었던 것도 스터디를 좋아했던 이유다.

장기 스터디에서는 3가지를 위주로 진행했다. 첫 번째는 주요 신문 기사를 정리해 오는 것이었다. 10분이라는 시간 동안 신문 기사 내용을 분석해서 발표하는 것이다. 예를 들어 '보험회사의 금리 역마진 심각해져'라는 주제를 발표한다고 했을 때, 왜 이런 현상이 나타났으며 한국경제 및 소비자들에게 미치는 영향까지 말하는 것이다. 이렇게 해야 기사 내용을 정확하게 파악할 수 있다.

두 번째는 토론 및 논술 준비였다. 토론의 경우는 매번 주제를 이전 스터디에서 공지한다. 그리고 다음 스터디 때는 그 주제에 대해 각자 자신이 미리 준비해 온 내용을 바탕으로 자유롭게 조원들과 토론하는 것이다. 논술의 경우는 주제를 일주일 전에 키워드로 제시해 주면, 이에 대해 신문 기사 등 각종 자료를 찾아서 나름의 논술 답안을 작성해 보는 것이다. 그리고 스터디 당일이 되면 키워드로 제시된 단어들과 관련된 내용을 공부했다면 작성할 수 있는 논술 주제를 한 사람이 제시하고, 다른 조원들과 함께 실제 논술 시험 시간에 맞춰서 작성해 보는 것이다.

그리고 마지막은 모의 인성면접 준비다. 합격 발표 후 준비하는 인성면접과 크게 다른 점은 없다. 다만 기존에 기출되었던 면접 질문 위주로 연습을 하기 때문에 아주 기본적인 질문에 답해 보는 데 도움이 된다.

스터디를 시작하고 초반에는 조원 모두가 강한 의지를 보였다.

아침 10시부터 1시까지 3시간의 스터디가 끝나면 복습을 하거나 혹은 토익학원에 가기 위해 각자 할 일을 하러 가는 데 바빴다. 이 모습이 독기를 품은 취업준비생들로 보였는지, 미국에 있는 대학을 졸업하고 취업을 하기 위해 한국으로 온 한 조원은 첫 스터디를 마치고 친구들에게 전화를 걸어서 "나 취업하기 힘들 것 같아. 한국 애들 장난 아니다"라고 말하며 긴장했을 정도였다고 한다. 누구나 처음엔 의지에 불타고 스터디 과제도 꼬박꼬박 해 온다.

하지만 시간이 지나면 그런 열정도 점차 식게 된다. 우리 스터디도 그랬지만 다행히 좋은 쪽으로 열정이 식었다. 오히려 돈독해지는 계기가 된 것이다. 어느 날 나이가 가장 어렸던 친구가 예상 면접 질문에 대한 자료가 있어서 복사해 주겠다고 했다. 스터디를 하던 건물 지하에 제본을 해 주는 문구점이 있었고, 제본이 끝나기를 기다리며 처음으로 다 같이 밥을 먹게 되었다. 이를 계기로 스터디가 끝나고 함께 카페에 가거나 혹은 따로 인적성 대비를 위한 개인적인 이야기도 하면서 친해졌다.

그 후 이런 사이를 더욱 돈독하게 한 계기가 있었다. 스터디 이후 처음으로 공채 소식이 올라온 M은행 서류 전형에서 8명이 모두 사이좋게 떨어지게 되면서 불합격으로 하나가 된 것이다. 이후에는 C은행, D항공, H은행, W은행, R은행, B증권 등 연이은 서류 합격 소식을 들을 수 있었다. 이는 3개월 동안 준비했던 노력이 자신감으로 바뀌어 자기소개서에서 드러났기 때문이다.

장기 취업 스터디의 결과는 대성공이었다. 8명 중 6명이 취업에 성공했다. 한 명은 약사가 되겠다는 본래의 뜻을 품고 취업을 접었다. 나머지 한 명은 자신이 진짜로 하고 싶은 일에 대한 진지한 고민을 거치고 다시 도전하겠다는 뜻과 함께 하반기에는 거의 지원서를 넣지 않았던 탓에 합격 소식을 듣지 못했다. 나머지 6명은 기업은행, 농협 등 원하던 기업의 신입사원이 되었다.

스터디를 하면서 7명의 든든한 동료가 생긴 기분이었다. 취업과 관련해 고민했던 일들도 조원들과의 이야기를 통해 해결했고, 마감 시간을 잘못 알아서 지원서를 넣지 못할 뻔했던 곳도 조원들 덕분에 지원할 수 있었다. 조원들과의 자료 교환을 통해 알게 되는 기업 정보의 폭도 넓어진다. 사실 취업은 정보 싸움이라 해도 과언이 아니므로 자신이 알고 있는 고급 정보를 알려주기 꺼릴 법도 하지만, 하나라도 더 알려주었고 직접 채용설명회에 갔다 온 현장 사진도 보내 주면서 서로에게 도움이 되어준 사람들이었다.

그래서 내가 합격하지 못했어도 다른 조원들의 합격을 진심으로 축하해 줄 수 있었다. 그들과는 지금까지도 연락하며 지내고 있다. 스터디를 하게 되면 단 하나만 기억하길 바란다. 조원들을 경쟁자로 생각하기보다 내가 먼저 진심으로 마음을 열고 힘이 되어 주면 반드시 다른 조원들도 그걸 알게 된다. 절대 무언가 얻기만 하려는 마음에서 스터디에 참여하지 말라.

스터디를 하면 다소 말하는 데 자신이 없는 취업준비생들이 모이다 보니, 이런저런 말실수를 하기도 한다. 한번은 이 기업의 꽃이 되고 싶다는 말을 해야겠다고 다짐하며 모의 면접을 연습하고 있었다.

힘들 때 힘이 되어 주고 같은 목표를 향해 달려가는 동반자, 스터디 그룹

해바라기처럼 '고객 바라기'가 되고 싶은 마지막 말을 마음속으로 되새기고 있었지만, 모의 면접연습에서 이렇게 말했다.

"네, 저는 해만 바라보는 해바라기처럼 고객만을 바라보는 큰 고래 바라기가 되고 싶습니다."

조원들은 웃음이 터져서 모의 면접이 불가능할 정도였다. 이날의 고래 바라기 이후에 큰 사건이 또 터졌다. 이번엔 입사 후 포부를 말해 보는 모의 면접에서 한 조원은 원래 마음속으로 이렇게 말하려고 했다.

"사회적 기업이 주목받고 있는 지금 이 시기에 만약 기업이 문제에 부닥치면 앞장서서 길을 잡는 사원이 되겠습니다."

이 말을 한다는 게 떨리는 마음이 앞서 다음과 같이 말했다.

"네, 저는 기업이 문제에 부닥쳤을 때 앞잡이가 되고 싶습니다."

줄임말로 인해 상당히 다른 어감이 되었고 곧 웃음바다가 되었다. 생각해 보면, 스터디를 하면서 취업에 도움이 된 것 말고도 좋은 사람을 많이 얻게 되었다. 서로 부족한 부분은 따끔하게 말해 주고, 장점은 북돋워 주는 소중한 지원군들을 얻게 되는 것이다. 단순히 취업을 준비하기 위해 사람들과 모인다는 생각보다는 지금 자신의 처지에 가장 공감해 줄 수 있는 동지들을 만난다는 기분으로 스터디를 즐겨 보라.

일부 스터디 모집자들 중에는 학교 명성이나 학점 순으로 스터디 조원을 선택하는 사람도 간혹 있다. 또 지방대면 아예 스터디에 껴 주지도 않는 사람도 있다. 자신이 부족한 점이 있어 스터디 조원으로 뽑아주지 않을 것 같아 걱정인 사람이 있다면, 직접 스터디 조원을 뽑는 공고를 올려 보라. 내가 직접 스터디 조원을 모집했던 이유도 잘할 수 있어서가 아니라 3.28이라는 낮은 학점을 받아 줄 사람이 없으리라 생각했기 때문이다. 처음엔 어떻게 스터디를 꾸릴지 고민도 되고, 겁도 나지만 취업 사이트에 다른 사람들이 올려놓은 글을 참고해 스터디 커리큘럼을 짜면 된다. 실제로 나도 그렇게 모집했었고, 이는 누구나 할 수 있다.

장기 스터디를 모집했을 때, 내가 알고 있던 친구도 같이 하기로

했던 스터디였기 때문에 총 8명 중 6명의 인원을 채우기 위해 공고를 올렸다. 그리고 최종적으로 18명 정도가 같이 하고 싶다는 의사를 밝혀 왔다. 2.5대 1 정도의 경쟁률 속에서 나와 친구가 6명을 뽑은 기준은 스터디 참여 의사에 대한 열의의 정도였다.

스터디 조원들의 의지를 확인하는 방법 중 하나는 오타를 확인하는 것이었다. 같이 하고 싶다는 메일이나 문자를 보내 온 사람들의 글에서 잘못된 글자가 있는지 보는 것이다. 작은 부분이지만 자신이 참여하고 싶은 스터디에 얼마나 애정을 갖고 글을 썼는지 판단할 수 있다. 두 번째는 스터디 조원 모집 글에서 요구했던 사항을 모두 적어 보냈는가를 확인하는 것이다. 개인적으로는 다양한 배경을 지닌 사람들이 모여서 스터디를 진행하는 걸 추천한다. 그래서 스터디 조원 모집 글을 올릴 때에도 이름, 나이, 학과 등의 기본 사항을 적어서 보내달라고 하는데 이때 이런 순서나 사항을 무시하고 마구잡이로 보내는 사람이 있다. 이런 사람들도 제외했다. 그렇게 하면 어느 정도 나와 함께 스터디를 할 인원이 모이게 된다.

그래도 정원을 초과한다 싶으면 첫날부터 참여할 수 있는지를 묻는다. 첫날에는 안 된다고 하는 사람도 제외하라. 뭐든지 처음과 끝이 중요하기 때문이다. 이렇게 스터디 인원 충원이 끝나면 미리 짜놓은 커리큘럼을 팀원들과 공유해서 시간 및 일정을 조율하면 된다.

생애 처음으로 스터디를 모집했을 때, 나는 의욕만 앞섰다. 제대로 된 커리큘럼도 없이 떠오르는 대로 스터디를 진행해 나갔고, 결국 나중에는 우왕좌왕하며 무의미한 시간만 보냈던 경험이 있다. 나처럼 어리석은 실수를 하지 않기 위해서는 다음을 참고해 스터디를 운영해 보라.

스터디 운영에도 치밀한 전략이 필요하다

1. 공고 올리기

자신이 서류 합격 통보를 받으면 일단 최대한 빠른 시일 내에 스터디 조원을 구하는 글을 올리도록 하라. 먼저 글에 반응하는 사람들은 그만큼 그 기업이 간절한 사람들이 대부분이기 때문이다. 그런 사람들과 함께해야 한 번의 스터디를 하더라도 제대로 할 수 있다. 스터디 참석률이 높고 의욕적으로 참여하기 때문이다.

스터디 모집 글을 올릴 때는 읽기 쉽게 작성하고, 되도록이면 구체적인 커리큘럼을 제시해야 한다. 인생이 걸린 면접에 임하는 데 그 누구도 어설픈 스터디를 원하는 사람은 없다. 서류 합격 소식을 듣기 전에 미리 글을 작성해 놓고 발표가 나자마자 모집 글을 올리도록 하라.

2. 팀원 선택 및 구성

글을 올리면 보통 뽑는 인원의 2~3배의 지원자가 스터디에 참석하겠다는 의사를 문자나 이메일을 통해 보내온다. 앞서 언급했던 것처럼 구성원은 첫째, 오탈자가 없는 사람을 뽑자.

개인적인 경험으로는 처음에 같이 하겠다는 글의 내용이나 오타 여부를 보면 대충 그 사람이 스터디에 임하는 태도가 어떨지를 가늠할 수 있다. 오타 여부로 판단하는 건 편견일 수도 있으나, 자기소개서에 오타가 없어야 하는 것이 기본인 것처럼 오타가 있는 문자나 이메일은 신뢰감이 느껴지지 않는다. 더욱이 대체로 꼼꼼하고 깔끔하게 의견을 밝혀오는 사람이 스터디도 책임감 있게 임한다.

둘째, 남녀 성별을 균형 있게 맞추고 전공 학과를 다양하게 섞으라. 면접 질문은 전공을 불문하고 지식을 묻기 때문에 면접에 필요한 기초 지식이나 교양을 쌓는 데에 있어 다양한 전공의 조원들이 도움이 된다. 같은 질문에 대한 답변이 다른데, 이를 듣다 보면 생각의 폭도 넓어진다.

셋째, 스터디 인원은 회사 규모에 따라 다르겠지만 장기 스터디를 구하는 경우에는 최대 8명까지도 좋다. 중간에 그만두는 사람이 있어도 스터디를 계속 이어갈 수 있기 때문이다. 또 준비할 것이 많기 때문에 인원도 그만큼 많아야 하루에 본인을 제외한 나머지 7개의 뉴스나 자료를 얻을 수 있다는 장점이 있다.

반면, 소규모라면 4명이 좋다. 면접 연습을 전제로 스터디를 하기 때문에 면접자와 면접관으로 인원 구성을 하려면 짝수가 편하기 때문이다.

3. 이런 사람은 피하자

자신이 졸업한 대학이 지방대라 하더라도 스터디를 같이 하고 싶다고 쪽지를 보내온 사람이 지방대면 스터디에 껴 주지 않을 것이라는 글을 본 적이 있다. 소위 S-K-Y 사람들과 스터디를 해야 본인의 지적 수준도 높아질 것 같다는 이유에서였다. 이런 스터디장이라면 오히려 같이 안하는 게 낫다. 주는 것 없이 스터디를 통해 얻을 궁리만 하는 사람일 확률이 높다.

스터디를 구한다면 학점이나 토익이 낮은 사람 혹은 인지도가 낮은 대학에 다니는 사람들을 안 뽑는 것이 아니라 다음과 같은 사람들을 피해야 한다.

먼저, 첫날부터 못 나온다는 사람이다. 이미 다른 스터디를 하고 있거나 스터디보다 중요한 다른 무언가를 같이 하는 취업준비생이다. 그만큼 스터디에 전념하지 못하고 추후에도 불참할 확률이 높기 때문에 같이 하게 된다면 스터디의 흐름도 깨지고 다른 사람들의 학습 분위기까지 흐릴 수 있다.

두 번째는 습관처럼 지각하고 자료 준비를 하지 않는 사람이다. 매번 '10분 뒤 도착한다'는 문자를 보내는 사람이 있었다. 스터디를 먼저 시작하기에는 그 사람이 자료를 준비해 올 차례라 할 것도 없고, 기다리자니 애매한 상황에 난처했던 적이 한두 번이 아니었다.

나중에는 '2회 연속 지각이나 자료 준비 미흡 시 스터디에서 강제 퇴장됩니다'라는 다소 엄격한 조건까지 걸게 되었다. 확실히 지각도 줄어들고 더 몰입해서 스터디를 할 수 있긴 했지만, 상당수의 스터디 조원이 이를 못 지키면 나중에는 홀로 남아 스터디를 할 수도 있다.

반대로 스터디 모집글을 찾아서 참여 신청을 한다면 스터디장이 면접을 얼마나 준비했는지 혹은 얼마나 의욕을 갖고 있는지에 대해서 문자나 전화 통화로 반드시 확인하길 바란다. 그래야 중간에 스터디가 흐지부지되지 않고 끝까지 효율적으로 유지될 수 있다.

4. 이런 마음가짐으로

오픈 마인드를 갖자. 스터디를 하는 이유는 자신의 이득만 챙기기 위해서가 아니다. 다른 스터디 조원들을 도와주면서 미리 사회생활을 배우는 것이기도 하다. 때문에 고급 자료를 갖고 있는데 이걸 공유할까 말까 고민하지 말고 같이 공유하자. 그럼 다른 조원도 자신이 갖고 있는 정보를 보여 주면서 서로 win-win 하는 길로 갈 수 있다.

내 옆에 있는 사람이 같은 직무, 같은 회사에 지원했다 하더라도 절대 경쟁자라는 마음을 갖지 말라. 스터디를 같이 하는 사람들만 경쟁자가 아니고 적게는 수백 명에서 많게는 수천 명에 이르는 경쟁자가 이미 있다. 그 사람들과 경쟁한다고 생각하라.

5. 모두에게 도움이 되는 건 아니다

스터디가 자신에게 도움이 되는 사람이 있는가 하면, 쓸데없이 시간을 낭비하게 되는 사람도 있다. 회사에 대한 정보를 모을 시간이 부족하거나, 의지가 부족해서 다음 전형을 준비할 자신이 없는 취업준비생들에게는 스터디만 한 것이 없다.

반면 가고자 하는 기업에 대한 정보를 꾸준히 모으고 있었고, 평소에도 의지가 강한 사람이라면 오히려 스터디가 독이 될 수 있다. 시간은 시간대로 뺏기고, 방대한 양의 정보만 쏟아주고 오는 꼴이 되기 때문이다. 나와 함께 스터디를 했던 동갑내기 친구도 인적성 스터디를 하면서 다른 조원들에게 기초적인 수학공식을 알려주느라 정작 자신의 수준에 맞는 높은 난이도의 문제에 대해 의견을 나눌 사람이 없어서 상당히 난처해했던 적이 있었다.

이는 스터디를 하기 전에 커리큘럼을 꼼꼼히 확인해야 하는 이유이기도 하다. 특히 인적성 대비 스터디의 경우에는 문제를 풀다가 막히면 이에 대해 의견을 나눠 볼 수 있도록 두세 명 정도 수학공식에 강한 사람들이 있어야 한다.

6. 시간이 아니라 피드백이 중요하다

스터디 시간을 2시간으로 할 것인가 3시간으로 할 것인가를 두고 고민했던 적이 있다. 2시간으로 하자니 짧고, 3시간은 길어 보여서 그랬다. 중요한 건 시간이 아니라는 걸 몰랐던 것이다.

중요한 건 피드백이다. 이는 인적성에서부터 토론면접까지 모든 면접 전형에 적용된다. 인적성은 틀린 문제에 대한 고민이 필요하다. 다른 면접 전형 또한 나를 객관적으로 판단해 장단점을 파악하기 위한 피드백이 필수적이다. 스터디 시간이 다소 부족하더라도 발전이 있기 위해서는 어떤 점을 고치고, 어떤 상식에 대해 공부해야 하는지 등 각자의 의견을 공유하는 피드백의 시간을 반드시 가져야 한다.

7. 스터디 진행의 주요 구성

다음은 내가 했던 스터디 모임들의 진행 개요다.

[금융권 스터디 진행]

- 소요시간 : 3시간, 주 2회 실시
- 인원수 : 6~8명
- 커리큘럼 :

  1) 신문 브리핑(50분)

  각자 준비해 온 신문 스크랩을 주제로 한 명씩 5분간 그 기사에 대한 주요 내용 브리핑, 주제가 겹치는 것을 사전에 방지하고자 신문 내용을 지정하거나 분야별로 준비하기.

  2) 휴식(10분)

  3) 모의 인성면접(20분)

  A, B조를 나누어 각각 면접관 그룹과 지원자 그룹으로 나누어 한 주마다 역할을 바꿔 가며 격주로 진행하기.

  4) PT면접(30분)

  인성면접 스터디와 동일하게 A, B조로 나누어 격주로 진행, 발표 주제는 기존 기출문제 중 무작위로 선정해 10분간 준비 후 5분간 발표하기.

  5) 휴식(10분)

  6) 토론면접(20분)

  스터디 한 주 전에 미리 토론 주제를 공개한 후, 각자 토론 주제에 대한 자료 수집 및 카페 게시판에 공유하기. 이를 바탕으로 토론하기.

7) 피드백(30분)

* 논술 준비가 필요한 경우에는 3) 인성면접이나 4) PT면접 연습을 생략함. 대신 5분간의 논술 준비 시간(10분) 및 실제 논술 작성 시간(15분)을 부여함. 시간이 부족할 경우에는 미니 논술 작성 연습을 통해 그동안 신문 브리핑으로 쌓아 온 지식을 평가해 보는 시간을 가질 수 있겠음.

[대기업 스터디 진행]

1) 인적성 풀기(40분~50분)

인적성 전형 대비 문제집에 나와 있는 1회분 모의고사를 시간에 맞춰서 문제를 풀어 보기.

2) 휴식(10분)

3) 인적성 리뷰(20분)

대다수가 틀린 문제 위주로 다시 풀어 보면서, 문제 해결 방법에 대한 의견 공유하기.

(인적성 연습 시간 포함)

4) 신문 브리핑(20분)

신문 기사를 통해 알 수 있는 최근 1년간 회사의 주요 추진 사업 공유하기.

5) 휴식(10분)

6) 기업 분석(20분)

포털사이트에 실시간으로 올라오는 기업의 연관 검색어 및 전
자경영공시시스템(dart)에서 사업 계획 확인하고 분석하기.

7) PT면접 및 토론면접(30분)

금융권 스터디와 마찬가지로 PT면접과 토론면접을 일주일을
주기로 격주로 진행.

8) 인성면접(10분)

1대 다 면접 형식으로 1명씩만 돌아가면서 짧게 연습하기. 추
후에 면접날이 가까워지면 기존의 인적성 대비 스터디 시간을
인성면접 연습 시간으로 활용하기.

[중소기업 스터디 진행]

1) 회사정보 공유(35분)

기업의 10년 후 목표 및 현 추진사업 등에 대한 자료를 중점으
로 모으기. 홈페이지, 뉴스, 지면매체 등 각자 조원들마다 정보
출처를 달리해서 자료 수집 후 공유 및 브리핑하기.

2) 휴식(10분)

3) 인성면접(30분)

중소기업은 인성면접이 주요 채용 전형인 경우가 많음. 따라서
PT면접 및 토론면접은 회사 전형의 특성에 따라 생략 가능. 인
성면접의 질문은 대부분 회사와 관련된 질문이나 지원자의 성

격에 대한 질문을 중점으로 연습하기.

4) 인성면접 피드백(15분)

인성면접 과정을 찍은 동영상을 바탕으로 면접에서의 서로의 장단점 말해 주기.

논술 스터디에서 타의 모범이 되었던 이유

2013년 6월부터 시작한 여름 스터디가 안정적으로 추진되어 갈 무렵, 논술 대비 스터디를 시작했다. I은행에 원서를 넣었는데, 합격통보를 받으면 3일 뒤 바로 논술 시험을 치러야 했기 때문이다. 27년간 살아오면서 논술에 '논'자도 써 본 적도 없었고, 심지어 논술이 어떤 구조로 되어 있는지조차 몰랐다. 백지상태에서 우왕좌왕하고 있는데, 스터디를 하던 조원 중 한 명이 유명하다는 논술 강의를 추천했다.

'미스터 ○○'이라는 닉네임의 강사가 진행하는 논술 첨삭 강의였다. 금융권을 준비하는 취업준비생에게는 거의 신적인 존재였다. 그분은 C은행에서 인사팀 부부장으로 재직하다가 퇴직 후 현재는 금융권에서 일하고 싶어 하는 사람들의 취업을 도와주고 있다. '미스터 ○○'이라는 취업 홈페이지를 운영하면서 자기소개서 첨삭에서부터 최종 면접 대비를 위한 강의에 이르기까지 채용 전형 전체에 대해 강의하는 전문가다.

논술을 혼자 준비하기에는 마음만 다급해질 것 같아서, 취업준비생에게는 부담스러운 강의 비용이었지만 강의를 신청했다. 10만 원에 가까운 비용을 냈던 이유는 취업을 할 거라면 언젠가 한 번은 들어야겠다고 생각했고, 살면서 논술을 어떻게 쓰는지는 알아야겠다 싶은 마음도 있었다. 그리고 무엇보다 이전에 B은행 논술 전형에서 불합격했던 실패의 경험이 있어서 논술 작성하기의 중요성을 알았기 때문이다.

평이 워낙 좋았던 강의인 만큼 잔뜩 기대하고 논술 수업을 들어갔고, 첫 강의가 끝나고 듣길 잘했다는 생각이 들었다. 아무것도 모르는 수강생들에게 논술 자체에 대한 이해를 높여 주는 강의였다. 다음 차수부터는 실제로 논술을 적어 보는 시간을 가졌다. 모의 논술 결과에 따라 강사가 등급을 매겨줬는데 나는 A등급(A-B-C-D순서)이라는 최고 등급을 받았다.

그리고 반에서 유일하게 5번의 모의 논술 시간에 전부 A등급을 맞은 모범생이 되었다. 생애 처음 써 본 논술이 다른 취업준비생들 사이의 쟁쟁한 경쟁을 뚫고 좋은 평가를 받을 수 있었던 비결은 다음 두 가지 덕분이었다.

첫 번째는 강의 콘텐츠 자체가 좋았고, 나에게 잘 맞았기 때문이다. 첫날 약 2시간에 걸쳐 논술을 쓰는 문장의 구조와 순서에 대해 배웠다. 또한 최근 이슈와 관련된 주요 키워드를 나눠주고, 그에 대한 신문 기사를 중점적으로 사회현상을 분석해 보는 시간을 가졌다. 타 논술 강의도 이와 비슷하리라 생각한다. 그러므로 샘플강의를 듣고 각자 개인에게 맞는 수업을 잘 골라야 한다.

'미스터 ○○' 강사가 알려준 논문 작성 지도 중 가장 도움이 되었던 점은 논술을 쓸 때 각 문장마다 띄는 칸의 수나 서론-본론을 크게 두 개로 나누고 결론을 쓰라는 등 상세한 설명이었다. 그 덕분에 논술 초보인 내가 상당한 양을 써야 하는 논술 분량에 대한 압박감을 이겨낼 수 있었다. 각 문단마다 할당된 줄 수를 채워나가면, 어느새 B4 두 장 가까이의 분량이 모두 완성되고는 했다.

예를 들어 서론 7줄, 본론은 각 주장마다 4줄, 결론 7줄 이런 식으로 공식만 외워두면 긴 글을 쓴다는 느낌보다는 짧은 글들을 채우는 느낌이 든다. 이는 논술 분량에 대해 부담 없이 가볍게 글을 적어 나갈 수 있도록 해 주었다.

한편, 각 문단마다 몇 줄씩 쓸지를 정하고, 중심이 되는 키워드를 적어 둔 다음에 해야 할 일이 있다. 바로 논술 주장을 뒷받침할 수 있는 근거를 생각하는 것이다. 한국경제가 호황을 누리고 있다는 문장에는 GDP 성장률과 같은 수치를 언급해 주어야 글에 대한 사실성과 논리성을 높일 수 있다. 이는 단번에 습득할 수 있는 게 아니다. 내가 이런 수치들을 외우고 있었던 점이 타의 모범이 된 논술을 쓸 수 있었던 두 번째 비결이다.

무엇보다 내가 모집했던 스터디를 통해 매번 최근 이슈에 대한 신문을 5분씩 브리핑하는 시간을 가졌었던 것도 크게 도움이 되었다. 조원 한 사람이 각자 5분의 브리핑만 준비해 오면 되지만, 나머지 7명의 브리핑을 모두 들을 수 있으므로 많은 시간을 투자하지 않아도 단시간에 금융 상식에 대한 지식을 머릿속에 넣을 수 있었다. 이때 쌓아온 기초적인 내용들을 논술 근거 자료로 활용할 수 있었고, 구성력 있는 논술을 쓸 수 있었던 것이다.

또 '미스터 ○○' 강사는 논술 강의 한 회가 끝날 때마다 매주 최근 이슈가 될 만한 신문 기사를 알려주었다. 신문 기사를 대충 읽어보는 게 아니라, 지속적으로 해 오던 장기 금융 스터디 시간에 조원들 앞에서 반드시 브리핑을 했다. 그러한 노력으로 아무것도 모르는 논술 초짜가 모범생이 될 수 있었던 것이다.

B은행 논술을 치를 때는 논술을 어떤 방식으로 적는지도 몰랐고, 아무런 기초 지식이 없었다. 간절하게 은행 서류 합격을 원했고 그 소원을 이뤘지만, 논술에 대한 미흡한 준비로 물거품이 돼 버린 것이다. 나중에 후회하지 말고 반드시 논술 준비를 하라.

논술 준비라고 해서 거창한 게 아니다. 보통 금융권에서 이슈가 되는 주제들은 어느 정도 정해져 있다. 그래서 신문과 최근 시사 상식 책을 읽는 것만으로도 정보를 모으기에는 충분하다. 단, 그런 이슈들이 왜 요즘 회자되고 있는지, 주변국에 대한 파급 효과나 지원하고자 하는 기업은 어떤 영향을 받게 될 것인지에 대해 간략한 정리가 되어 있어야 한다. 이로써 논술 준비는 90퍼센트가 끝난 셈이라 할 수 있다.

나 같은 경우는 나머지 10퍼센트를 논술 강의로 채웠다. 강의는 총 5회가 진행되었고, 1회당 3시간씩 수업이 진행되었다. 1시간 정도는 그날 아침 신문에 이슈가 된 내용을 살펴봤다. 그 후 75분은 그날의 주제에 따라 직접 논술을 작성했다. 남은 시간은 지난 시간에 작성해서 제출했던 논술에 대해 개인마다 짧게 피드백을 받았다. 또 A등급을 받은 학생들의 논술지는 모든 수강생이 읽어 볼 수 있도록 돌리기도 했다. 실질적으로 논술을 작성해 볼 기회는 5번밖에 없었다. 그래서 나는 진행 중에 있던 장기 스터디 모임에서 키워드를 갖고 논술을 써 보는 연습을 반복했다. 그 당시 장기 스터디를 하던 조원들도 논술 강의를 함께 들었는데, 이러한 노력 덕분에 I은행의 서류 전형을 통과했던 조원들은 그 이후 치러진 논술 전형에서도 전원 합격했다.

만약 서류 전형 합격자 발표일까지 시간이 넉넉하게 남아 있다면, 논술을 작성하는 감을 잃지 않도록 반드시 꾸준히 연습을 해 봐야 한다. 실제 논술 작성 시간과 동일한 제한 시간을 두고 그 내용 또한 꼼꼼히 적어보자. 실제 시험이 아니라고 해서 긴장감 없이 대충대충 적거나 제한 시간을 넘긴다면, 논술 시험 당일 촉박한 시간 때문에 더욱 긴장해서 한 줄도 못 적고 나오는 최악의 사태가 발생할 수 있다.

강의에서 A등급을 받았던 논술이니 참고하시길 바랍니다.

> 미국의 양적완화 유지가 나오게 된
> 배경과 향후 방향을 적고, 이에 따른
> 한국과 신흥국에 미치는 영향과
> 그 대응방안에 대해 논하시오.

　　지난달 아시아에서 열린 G20 정상회담에서 미국은 완만한 출구전략을 약속했다. 2008년부터 시장에 세 차례 화폐통화량을 증가시키는 양적완화를 멈추겠다는 발언 이후 주변 국가들에 미칠 악영향 때문에 말이 많았기 때문이다. 최근에는 원래 10월로 예상했던 양적완화 축소를 미루고 양적완화를 유지한다는 미 연방 준비제도 이사회의 발표가 있었다. 미국 의장의 말 한마디로 세계 증시를 좌우할 만큼 파급력이 크다는 점에서 시사하는 바가 크다. 그렇다면 이러한 양적완화 유지가 나오게 된 결정적 배경과 향후 방향을 알아보고 신흥국에 미치는 영향과 그에 대한 한국과 신흥국의 대응방안에 대해 말해 보겠다.

　　올해 5월부터 양적완화 축소를 발표했던 미국의 양적완화 유지가 나오게 된 배경은 크게 두 가지이다. 첫째, 목표한 실업률에 미치지 못했기 때문이다. 기존에 양적완화로 5,6퍼센트까지 실업률을 낮추기로 되어 있었다. 하지만 현재 미국의 실업률은 6.7퍼센트로 본래 목표와는 차이가 있다. 이처럼 목표한 각종 경제지표들의 충족 기준을 달성하지 못했다는 면에서 아직까지 양적완화의 효과가 충분히 반영되지 않은 것이다.

둘째, 주변 국가들에 대한 우려의 목소리 때문이다. 상대적으로 미국경제 상황에 따라 영향을 많이 받는 국가들이 대다수이기 때문이다. 9월에 열린 G20회의에서도 미국과 미국경제에 영향을 많이 받는 신흥국 간의 의견차를 좁히지 못했다. 그래서 한국은 중선진국의 역할을 하며, 신흥국 등 대외의존도가 높은 나라들과 함께 성장해야 한다는 박근혜 대통령의 발언이 큰 역할을 한 것으로 보인다. 또 미국의 독단적인 행동에 대한 비난의 목소리도 한몫했다.

이러한 출구전략 철회 발언을 통해 향후 방향을 파악해 볼 수 있다. 지금의 양적완화 유지는 안정보다는 오히려 불안정한 경제 분위기를 만들 것이다. 언젠가 미국은 이러한 양적완화를 멈출 시점에 있기 때문이다. 이러한 점에서 시간을 벌고 준비할 수 있는 시기는 마련되었지만, 그만큼 언제 또 양적완화 축소를 발언할지 모르는 미국의 움직임을 살피며 긴장을 유지해야 할 것이다. 그 대표적인 나라들이 신흥국이다.

먼저 신흥국의 자금유출이 우려된다. 지금 당장은 아니더라도 언젠가는 줄어들 달러 공급에 대비하는 투자자들이 등장할 것이기 때문이다. 달러의 유동성이 줄어들게 되면 상대적으로 금리가 높은 나라들을 찾아 나서게 되고, 이로 인해 신흥국에 투자했던 부동산 등의 금융자산이 빠져나갈 것이기 때문이다. 이는 신흥국 내부의 달러 감소로 상대적인 통화 가치 하락을 가져와 재정부채의 부담이 증가할 것이다. 이는 한국의 주 수출국들이 신흥국이라는 점에서 직접적인 타격이 없더라도 한국이 양적완화 유지로 인해 생기는 국제 정세에 대비해야 하는 이유이기도 하다.

그렇다면, 한국을 포함한 신흥국들은 어떻게 대비를 해야 할 것인지 알아보겠다. 먼저 첫째로, 내부 자산 건전성을 높여야 한다. 달러의 자금이 빠져나가게 되면 상대적으로 그 나라의 통화 가치는 하락하게 된다. 이 때문에 부채 부담이 증가하게 되고 기업과 가계는 투자나 소비를 줄이게 될 것이다. 이러한 악영향을 막기 위해 내부적으로 부채를 관리하거나 부담을 줄이기 위한 자체적인 시스템을 마련해야 한다.

둘째로, 부가가치 산업 등을 육성해야 한다. 미국의 움직임에 크게 좌지우지되는 이유는 수출과 연계된 무역이 많기 때문이다. 따라서 전통적인 뿌리산업보다는 관광이나 금융 쪽에 집중해 특화사업들을 육성해 가야 한다. 이는 초기비용이 들겠지만 장기적으로 봤을 때는 내부취약성을 보완하고 자립적인 국가로 나아가는 데 중요한 열쇠가 될 것이다.

지금까지 미국의 양적완화 유지에 대한 논의를 적어 보았다. 일부에서는 미국의 양적완화 조치들이 한국에 미칠 영향은 미비하다고 이야기한다. 하지만 미국과 신흥국의 관계 또 신흥국 경제의 악영향이 한국의 경상수지에 파급된다는 점에서 그 상관관계만큼은 부정할 수 없다. 때문에 강 건너 불 보듯이 구경만 하고 있을 것이 아니라, 이를 기회삼아 경제 자립도를 높이고 더불어 중선진국으로서의 중간다리 역할을 잘 해나간다면, 국가의 대외적인 신뢰도를 높일 수 있는 기회로 작용할 수 있다는 것을 기억해야 한다.

Part
4

마지막 피니쉬 라인을 향해!
• 채용 마무리 •

① 아무도 알려주지 않는
당신의 탈락 이유

• 이젠 정말 마지막이라 생각한 그 순간 •

'몸도 마음도 지쳤는데, 이젠 정말 입사할 때가 되지 않았
나⋯⋯'라는 생각이 매일 같이 떠올랐던 때는 취업 준비를 시작한
지 딱 2년이 넘어가는 시기였다. 느낌도 시기도 지금쯤이라면 직장
인이 될 것만 같았지만 연이은 탈락에 자신감도 떨어지고 확신도
낮아져 갔다. 들려오는 소리는 '아쉽지만 제한된 인원으로 인해 합
격 소식을 들려드리지 못했다'는 위로도 안 되는 불합격 통지들뿐
이었다.

그러던 중 U기업으로부터 서류 합격 소식을 들을 수 있었다. 오

랜 취업에 지쳐 이제는 마지막이었으면 좋겠다는 간절한 마음뿐이었고, 열의를 다해서 다음 전형인 인적성을 준비했다. 앞서 A백화점 인적성에서 탈락했기 때문에 독한 마음을 품고 하루에 2~3회차 분량의 모의고사를 풀었다. 그렇게 끈질기게 문제를 잡고 살았고, 결과는 인적성 시험 합격이었다. 남은 건 1차와 2차 면접이었다. 인적성에서 다수의 탈락자가 나왔고, 덕분에 1차 면접은 인원의 절반이 떨어지는 2대 1의 경쟁률이었다.

인적성 합격 소식을 듣고 바로 1차 면접 스터디를 모집했다. 공채 시즌이 막바지라서 그런지 하나같이 적극적으로 스터디에 임했다. 후회 없이 준비했다는 자신감이 넘쳐서였을까? 나는 이때 이미 U기업에 최종 합격한 사람처럼 지냈다. 지난 시간을 돌아보며 회상에 잠기기도 했고, 그동안 수북이 모았던 취업 관련 자료들도 정리했다.

하지만 결과는 면접 스터디 조원들 중에 단 한 명만 제외하고 전원 탈락이었다. 이제 더 이상 불합격이라는 불안한 마음과 미래에 대한 보이지 않는 길로 인한 걱정들이 끝났다는 착각도 끝이 났다. '이젠 정말 마지막이겠지'라며 U기업의 입사를 확신했던 후유증으로 인해 '여전히 난 취업 시장에 남아 있다'는 현실을 직시하기까지 오랜 시간이 걸렸다.

하반기를 떠나보내고, 또다시 취업 3년차 생활을 시작하면서 다시 처음부터 해야 한다는 막연한 두려움만 앞섰다. 취업을 준비하다 보면 자신만의 기분 곡선이 만들어진다. 바닥에 가까워질수록 우울하다는 것을 의미한다. 이런 곡선이 가장 깊게 패일 때는 합격하리라고 생각했던 기업으로부터 불합격 통지를 받았을 때다. 마지막 'Finish line'이라 생각했는데, 가까이와 보니 'Start line'으로 바뀌어 있는 걸 깨달은 그 순간, 인생이 무의미하게 느껴질 정도로 의욕이 떨어진다.

이럴 땐 모든 걸 잠시 내려놓고 생각을 정리해 긍정적인 마인드를 갖는 게 중요하다. '진짜 원하는 기업에 합격하기 위해 오래 걸리는 것이다'라는 말로 스스로를 향한 위로를 보내자. 이는 본인에게도 중요하지만 이 시기에 우울함을 극복하지 못하면 다음에 면접 기회가 온다 하더라도 면접관에게 자신감 없는 모습을 보이게 될

것이다. 이는 또 면접 탈락으로 이어져 악순환을 반복하게 된다.

취업에 지친 모습이 아니라 어디 가서도 당차고 사람들과 잘 어울려 놀았던 본래 내 모습을 되찾기 위해 노력했다. 불합격 소식을 듣고 우울한 날에는 일부러 친구들을 만나고 다녔다. 물론 친구들과 만나는 당시에는 즐겁지만, 집으로 돌아오는 길이 더욱 허무할 수도 있다. 하지만 기분을 끌어올리기 위해서는 반드시 기분 전환이 필요하다.

다른 사람들보다 취업이 늦어진 것은 눈앞의 명백한 현실이었지만, 그럴수록 초조하게 생각하지 않았다. 괴로워한다고 해서 취업에 대한 해결책이 나오는 게 아니다. 그러면 오히려 시간만 흐른다는 사실을 명심하라. 정신적으로 너무 힘이 들 때면 하루 종일 잠을 자면서 나쁜 생각을 애써 잊었다. U기업 탈락 이후의 시기는 내 정신력을 강하게 만들어 준 계기도 되었다. 그 힘으로 이후 또다시 1년이라는 긴 시간을 버틸 수 있었고, 마침내 입사에 성공할 수 있었다.

⌒• 귀하는 합격자 명단에 없습니다 •

☎ G기업에서의 면접은 아쉬움이 남는 기억 중 다섯 손가락 안에 든다. G기업은 본래 공개 채용으로도 신입사원을 잘 뽑지 않고, 홈페이지에 수시로 공고가 뜬다. 이마저도 본사로 입사하게 되는지라 거의 한 자릿수의 인원만을 뽑는다. 나 또한 G기업 브랜드

를 좋아해서 우연히 채용 기간에 사이트를 방문했는데, 이를 통해 채용 공고가 떴다는 것을 알 수 있었다. 200여 명이 넘는 지원자(제출한 서류번호 기준으로 추측) 중에 11명 안에 들어 면접 기회를 얻게 되었다.

낮은 학점과 패션의류와 관련이 없는 학과임에도 면접 기회를 잡을 수 있었던 것은 자기소개서에 그 비결이 있었다. 사실 내 첫 자기소개서는 형편없었다. 내가 읽어 봐도 무슨 이야기를 하는지 알 수 없는 어수선한 문장들과 그저 '열심히 하겠다'는 누구나 할 수 있는 말들로 가득했다. 하지만 100개가 넘는 자기소개서를 작성하다 보면, 어떤 점을 강점으로 내세워야 하는지 터득하게 된다. 또한 회사가 묻는 자기소개서 항목들만 봐도 '어떤 인재상을 바라는구나' 하는 감이 오는 시점이 있다.

100여 개 기업의 자기소개서 작성이라는 인고의 시간을 보낸 뒤, G기업 인사 담당자에게 자기소개서를 감명 깊게 읽었다는 칭찬을 들었다. 그리고 이어서 질문 하나를 받았다.

"인영 씨, 입사 포부를 보니까 취미가 독서라 그런지 자기소개서 정말 잘 쓰셨네요. 충분히 이렇게 되실 수 있고 자격도 있으세요. 마지막으로 입사 후 포부 짧게 말씀해 주시겠어요?"

그 순간 이런저런 생각이 들었다. 그냥 정말 포부를 말하면 되는데, 연이은 칭찬에 내 머릿속은 의욕으로 가득 찼고, 요점을 파악하지 못했다. 자기소개서에 쓴 긴 10년 후의 포부는 면접관이 알고 있으니 다른 점을 어필하도록 짧은 포부에 구체성을 더해야겠다고 생각했다.

그래서 자기소개서에 썼던 내용은 모두 배제하고, 입사 후 의류 상품 공부에 매진해서 G기업 의류의 모든 재질까지 다 설명할 수 있는 상품의 천재가 먼저 되겠다고 말했다. 결과는 불합격이었다.

이유는 명확하게 두 가지였다. 다른 지원자가 너무 잘했거나 혹은 제출한 자기소개서에 적었던 내용과 관련된 이야기를 일체 언급하지 않아서 내가 직접 쓴 자기소개서임을 증명하지 못했기 때문이다. 다른 지원자가 더 잘했다고 한다면, 그 결과를 받아들이기는 오히려 쉽다. 하지만 후자의 경우는 면접에 대한 내 준비가 미흡했음을 말해 주는 것임을 알아야 한다. 며칠을 공들여서 자기소개서를 작성하지만 정작 그 이후에는 다른 기업의 자기소개서를 쓰느라 이전에 작성했던 내용을 잊거나 신경 쓰지 않고 있을 수 있다. 이런 경우라면 나처럼 면접 기회를 잡더라도 엉뚱한 말만 늘어놓다가 탈락의 고배를 마시게 된다.

취업준비생들이 가장 답답해할 때가 탈락한 이유를 도무지 알 수 없을 때다. 분명 자기소개서도 완벽하게 작성했고 면접 답변도 막힘없이 말하고 나왔는데 불합격 통지를 받았을 때, 아무도 그 이유는 말해 주지 않고 한숨만 나올 뿐이다.

한때 H은행 면접 스터디를 같이 했던 친구는 최종 면접의 분위기가 좋아서 합격을 확신했다고 한다. 그래서 졸업을 더 이상 미루지 않아도 되겠다고 생각했고, 면접이 끝나자마자 졸업 논문까지 냈다. 하지만 결과는 불합격이었다.

탈락 후에 아무리 생각해도 본인이 탈락한 이유를 모르겠다면 그 냥 잊어버리도록 하라. 그게 정답이다. 자신이 부족해서 그렇다고 생각된다면 그 부분을 고치면 해결된다. 하지만 미궁 속에 빠질 땐 더 이상 생각하지 말라. 머리만 복잡해진다.

졸업 논문을 내 버린 그 친구도 탈락 이유를 찾기에 매달릴 시간에 다시 시작했다. W은행 인턴에 합격하고 그 여세를 몰아 6개월 뒤 공채로 같은 은행 입사에 성공했다. 친구는 영어 실력이 출중했기 때문에 일반은행에 가기엔 아깝다고 생각했다. 그래서 오히려 H은행에서 탈락한 게 잘된 일이라 생각했었는데, 그 이후 영어 실력을 마음껏 활용할 수 있는 W은행의 일원이 된 것이다.

수백 번 실패하고 한 번 성공해도 성공한 것이니 일희일비하지 말라.
그것이 바로 취업의 비결이다.

지금 당장 합격하지 못했다고 해서 세상이 끝난 것처럼 낙담하지 말라. 분명 나중에 그보다 좋은 기회가 온다. 하나를 놓쳤지만 그 뒤에는 수만 가지 가능성이 있다. 지금 당장 눈앞에 벌어진 일만 보지 말고 멀리 보라. 취업뿐만 아니라 우리의 인생은 마라톤 경주와도 같다.

② 최종 합격을 축하드립니다

• 끝날 때까지 끝난 게 아니다 •

이직 2013년 12월, 지금 다니고 있는 회사로부터 최종 합격문자를 받았다. '드디어 끝났구나'라는 시원섭섭함과 '내일부터 입사 전까지 무엇을 할까?', '입사 후에는 내가 뭘 할 수 있을까……' 등 만감이 교차했다.

입사할 날만을 고대했는데, 막상 합격하니 허무하기도 했다. 지금 다니고 있는 회사는 우체국금융개발원이라는 준공기업이다. 우체국은 우편과 금융을 취급하고 있는데, 그중 금융 사업 업무를 중점으로 지원하는 회사다. 넓게는 예금과 보험 상품을 개발하기도 하고,

보험금을 지급하기 위해 심사하거나, 보험 사기가 의심되면 현장 조사를 나가기도 한다.

이제 입사 11개월 차인 나는 회사는 다녀 봐야 알 수 있다는 말을 몸소 느끼고 있다. 나름 친구들의 부러움을 한몸에 받으며 회사에 다니고 있다. 준공기업이다 보니 수익을 내기 위한 매출 경쟁을 하지 않는다. 때문에 대다수의 일반 기업에 비하면 스트레스도 적고, 근무 분위기도 좋다. 그렇다 보니 당연히 신입사원이 해야 할 잡무와 같은 일을 해도 오히려 고맙다고 말하는 선배들이 대부분이다.

물론 팀마다 분위기도 다르고 각자의 성격상 개인 차이가 있겠지만, 내 만족도는 95퍼센트 이상이다. 오래 기다린 보람이 있다는 생각이 들 정도로 좋다. 물로 대기업에 비해 낮은 연봉이 단점일 수 있겠지만, 내 삶의 질과의 관계를 따져 보면 연봉은 나에게 크게 중요하지 않다.

한때 취업 준비하면서 높은 연봉이 다 인줄 알았던 때가 있었다. 높은 금액의 돈을 받으면 어떤 스트레스나 열악한 근무 환경에도 참으면서 일할 수 있다고 여겼다. 하지만 현실은 그게 아니다. 우리 회사에도 다른 민간 사기업에서 높은 연봉을 받고 일하다가 온 선배들이 있다. 삶에 대한 여유 혹은 자부심을 찾고자 옮긴 것이다. 그러니 회사를 겉모습만 보고 판단하지 말라.

나는 우리 회사 최종 면접을 보고 나오자마자 근처 커피숍으로 향했었다. 마감 제출 시간이 얼마 남지 않은 자기소개서를 쓰기 위해서였다. 최종 발표가 나는 당일까지도 서류를 쓰고 있었다. 합격을 확신할 정도로 면접장 분위기 좋았던 면접에서 떨어질 수 있다. 반대로 최악이라 생각했던 기업에서 의외의 희소식을 들을 수 있다. 그러니 최종 합격 발표가 나기 전까지는 의연하게 본인의 일에 임할 필요가 있다.

·•합격, 그 뒷이야기 •

예상 발표 날보다 하루 앞서 최종 합격자 발표가 났고, 나는 저녁 10시 무렵 합격 소식을 들을 수 있었다. 마침내 3년이라는 긴 취업 생활에 마침표를 찍는 순간이었다. 비결이 뭐냐는 질문도 받고, 주변에 공무원이나 공기업 입사만을 바라보는 친구들의 부러움을 사기도 했다. 나는 사실 이런 꿈같은 현실을 하마터면 놓칠 뻔했다. 제출 몇 시간을 남겨두고 우리 회사에 원서를 넣을까 말까를 계속 고민했기 때문이다.

마감 날 침대에서 한 대기업의 자기소개서를 쓰느라 시간이 별로 없었기 때문이다. 게다가 경력증명서 제출이 필요했고, I은행에서 무기 계약직으로 일했던 서류를 떼기 위해서는 동네에 있는 I은행 지점에 다녀와야 했다. 귀찮다는 생각에 침대에서 계속 고민하다가 결국 자리를 박차고 일어나서 경력증명서를 받아와 제출했다. 그 순간 이부자리를 박차고 나오지 않았다면, 지금 이 책을 쓸 수 없었을지도 모른다.

한 취업 사이트에도 나와 비슷한 취업 후기가 올라온 적이 있다. 어느 날 A그룹의 면접을 보고 와서 너무 피곤해 잠이 들었는데, 순간 잠이 깨 C기업의 지원서 제출 마감이 그날 자정까지였다는 게 생각났다고 한다. 침대에서의 포근함 속에서 30분간 제출할지 말지 고민에 고민을 거듭하다가 제출했고, 그 기업에서 유일하게 합격 소식을 듣고 현재 재직 중에 있다는 글이었다.

자기소개서를 넣다보면 '시간이 부족하다', '졸립고 피곤하다' 등 여러 가지 이유로 마감 기한을 놓칠 수 있다. 하지만 이력서 제출을 머뭇거리고 있는 바로 그 기업이 본인과 인연이 있는 기업일 수도 있다. 단지 귀찮다는 이유로 최종 합격의 기회를 놓치지 말라.

" 취업준비생이 버려야 할 것들 BEST 5 "

1. 지나친 혹은 근거 없는 자신감

취업준비생에게 가장 독이 되는 것이 과한 자신감이다. 물론 당당한 태도는 취업준비생의 필수 자세이지만, 뭐든지 지나치면 부족함만 못하다. 거만해지는 그 순간부터 자기계발을 게을리하게 된다. '이 정도면 되겠지'라는 해이한 정신은 탈락으로 이어진다.

2. 시도 때도 없이 찾아오는 우울함

한번은 하루에 세 군데 기업으로부터 불합격 통지를 받은 적이 있다. 세상에 필요하지 않은 존재가 되어버린 것 같고, 나이 서른이 되어서도 취업을 못할 것 같은 과한 불안감에 휩싸였다. 심지어 아침에도 일어나면 바로 드는 생각이 있었다. '취업 못하면 뭐 하면서 먹고 살아야 하지', '아르바이트를 10개 뛰면서 살아야 하나'라는 별의별 생각이 들며 우울함에 휩싸였다.

그러나 걱정하지 말라. 만약 포기만 하지 않는다면 그럴 일은 절대 없다.

우울한 생각과 불안감은 또 다른 우울함과 불안감을 불러온다. 그러다 보면 정작 해야 할 일을 하지 못하고 방안에서 눈물만 쏟는다. 훌훌 털어버리고, '나와 더 잘 맞는 회사에 가기 위해 이렇게 세상이 날 힘들게 하는구나'라고 생각하자. 그러고는 혹시라도 놓칠지 모르는 회사를 잡기 위해 책상 앞에 앉아 컴퓨터를 켜자.

좋은 노래도 듣고, 힘이 되는 글들을 찾아 읽으면서 밝은 마인드를 기르자. 긍정의 힘을 키우는 것은 취업준비생들에게 매우 중요하다.

3. 주변의 말에 이리저리 휩쓸리는 팔랑귀

"그 회사는 이래서 좋다더라."

"그 회사는 신이 숨겨 놓은 회사라더라."

이런 하나의 말에 흔들리지 말고 회사에 대해 제대로 알고 지원하라. 또 자기소개서를 쓸 회사와 안 쓸 회사에 대한 기준을 남의 말에 휩쓸려서 결정하지 말라. 회사에 대한 진면목은 입사해봐야 알 수 있을 때도 있기 때문이다. 내 인생은 내가 결정하는 것임을 명심하자.

4. 높은 연봉만 바라보는 맹목적인 시선

연봉 1억, 신입 연봉 4,200이라는 평균 수치만을 보고 도박하듯이 원서를 넣지 말라. 자신의 인생의 2/3를 걸고 다녀야 하는 직장이 단순히 돈만 많이 주는 곳이라면 결코 오래 다닐 수 없고 삶의 의미를 찾을 수 없다고 생각한다. 월급을 많이 받아서 그 돈으로 내가 이루고자 하는 일들을 더 할 수 있겠지만, 그만큼 회사에서 달성해야 할 업무 성과들이 존재한다는 것이며 그 뒤에는 상당한 스트레스가 존재할 것이다.

나도 한때는 먼저 입사한 친구들의 높은 연봉이 부러웠던 적이 있다. 그만큼의 대접을 받는 데에는 과중한 업무가 있음을 고려하지 못했다. 증권사에 다니는 선배들은 하루에도 수십 번씩 새로운 고객을 유치하기 위해 끊임없이 연락을 한다. 주식을 추천하고 포트폴리오를 작성하기 위해서 쏟아져 나오는 금융 상품을 공부하느라 주말에도 쉴 틈도 없이 팍팍하게 산다는 것을 간과했던 것이다.

은행에 다니는 선배들도 마찬가지였다. 주어진 영업 할당량을 채우기 위해 쉴 새 없이 연락을 돌리고, 불만을 터트리는 고객을 상담하느라 몸과 마음은 만신창이였다. 물론 모든 은행원이 전부 다 그런 것은 아니겠지만 말이다.

내가 취업준비생일 때는 '높은 연봉이라면 그런 스트레스 따위는 날려 버릴 수 있는 이유가 되지 않을까'라고 생각하며 그 와중에 스트레스를 받는다고 말하는 것은 복에 겨운 소리로만 들렸다.

하지만 직장인이 되고 나니 실적 압박이 없고, 스트레스가 적은 지금 회사에 다니다 보니, 높은 연봉이 다가 아닌 이유를 알 수 있었다. 혹시라도 높은 연봉을 주는 기업에 입사하는 것이 목표라면, 왜 내가 그 회사에 취업하려 하는지 다시 한 번 생각해 보라.

5. '어떻게든 되겠지'라는 안일한 생각

대학교 4학년 1학기 때 '언젠가는 취업이 되겠지'라는 안일한 생각으로 고작 9개의 기업에만 입사 지원서를 제출했다. 그렇게 나의 언젠가는 결국 3년 뒤가 되었다. '어떻게든 되겠지'라는 가벼운 생각은 '어떻게 해도 안 되는 결과'만을 초래한다. 스스로에게 부끄럽지 않게 준비하라. 자기소개서에 오직 나만이 들려줄 수 있는 이야기를 적을 수 있도록 매 순간 최선을 다하자.

내가 아는 사람이야기

토익 점수와 학점은 최하위!
그러나 스스로를 향한 믿음만큼은 최상위였던
한 선배의 H타이어사 취업 이야기

학교 선배 중에 학점이 3이였고, 토익 점수가 없던 선배가 있었다. 소위 스펙이라고는 하나 없는 이 선배의 꿈은 H타이어사 입사였다. 주변 사람들은 그 선배가 꼭 H사에 입사하고 말겠다고 말할 때마다 응원은 해 주었지만 뒤에서는 다들 '거길 어떻게 가겠어'라며 헛된 꿈이라 단정지었다.

하지만 본인만큼은 입사할 수 있다는 의지를 잃지 않았다. 그 선배는 H타이어 회사가 주최하는 취업 박람회란 박람회는 모두 찾아다녔다. 이런 모습 때문에 인사 담당자의 눈에 띄었고, 한번은 박람회가 끝나고 이례적으로 함께 회식도 다녀왔다.

그리고 거의 1년에 가까운 시간 동안, H타이어의 기본 지원 자격인 토익 점수를 만들었고, 자신만의 경험을 쌓으며 오직 H타이어만을 보며 달려갔다. 전체 인생을 80세까지 산다고 했을 때 자신이 가고 싶어 하는 회사에 입사하기 위해 꿈을 그리는 1년이란 시간은 길지 않다. 확고한 목표가 있고, 이를 이루고자 한곳을 향해 달려가는 시간은 결코 헛된 시간이 아니라 오히려 단단해지는 시간이다. 결코 오르지 못할 기업은 없다. 단, 진심으로 그 회사를 원하고 있어야 한다. 그러면 단언컨대 입사할 수 있다. 간혹 나이가 중요하냐고 묻는 친구들도 있다. 중요하지 않다. 면접장에 가 보면 상상도 할 수 없는 나이에 지원하는 사람도 있었고, 실제 합격자도 봤다.

전문대를 나와서 여행사에서 파트타임을 하던 지원자가 합격하고, 해외에서 대학교를 졸업하고 회계사 자격증을 갖고 있어도 떨어지는 게 취업 시장이다. 물론 전문대와 여행사 파트타임직을 낮게 평가하는 게 아니라 취업 시장에서 돌고 도는 취업준비생들의 지표는 아무런 기준이 될 수 없다는 말을 하고 싶은 것이다. 스스로 믿지 못하면 본인을 믿어 줄 다른 사람은 결코 생길 수 없다. 강해져야 한다. 지금 이 순간부터!

부록

합격
자기소개서 모음

◈ 회사 및 직무에 지원한 동기와 지원한 직무를 잘 수행할 수 있는 이유를 본인의 경험, 준비와 노력을 바탕으로 기술하여 주십시오.

[회사 및 직무에 지원한 동기]

CGV 신촌점에 가면 인기 영화만 볼 수 있는 게 아니라, 신인 예술가들의 작품과 다양한 장르의 영화를 만나볼 수 있습니다. 이를 보면서 맹목적 매출 증대가 아닌 문화를 알리는 일에 집중하는 CJ CGV의 마음을 느낄 수 있었습니다. 실제로 업계 유일의 사회공헌 기업으로 선정된 것도 이러한 사실을 대변해 주고 있었습니다. 입사후 진정한 '상생'이 무엇인지 알고 있는 CGV와 그 마음을 함께하고 싶습니다.

예산집행-홍보-고객응대 등의 전체적인 사이트 운영이 매출 증대로 곧바로 이어질 수 있다는 데 매력을 느꼈고, 이러한 생동감 있는 직무를 직업으로 갖고자 합니다. 또 총학생회 기획국장으로 활동하면서 느꼈던 흥미와 고객 서비스 응대에의 적성을 가장 잘 살릴 수 있는 직무가 멀티플랙스 매니저라고 확신합니다.

[잘 할 수 있는 이유 - 고객을 배려할 줄 아는 CJ인!]

고객을 최우선으로 생각해야 하는 멀티플랙스 매니저에게 고객 불만에 대처하는 능력은 중요하다고 생각합니다. 2년간 식음료 판매 경험을 통해 고객을 응대하면서 이러한 능력을 길러왔습니다.

일례로 중앙대 지점 파리바게뜨에서 일할 당시에 한 아주머니께서 개를 데리고 매장에 오신 적이 있습니다. 애완견은 출입이 안 된다고 말씀드렸지만, 소용이 없었습니다. 이에 최대한 상황을 이해시키고 해결 방안을 찾아봤습니다. 먼저, 아주머니께 개의 털이 빵에 붙을 수 있어 위생상 좋지 않다는 명확한 이유를 말씀드렸습니다. 그리고 밖에서 개를 봐드릴 테니, 매장 내에서 원하시는 제품을 카운터에 놓아 주시면, 계산해서 나오겠다고 말씀드리며 문제를 해결할 수 있었습니다. 이후 아주머니께서 점장님께 칭찬을 해 주셨고, 이를 우수 사례로 올리신 덕분에 SPC그룹 매장에 '애완견은 매장 직원에게 맡겨주세요'라는 스티커가 발부되기도 했습니다.

고객을 향한 배려는 고객이 원하는 것을 정확히 파악하는 데서 시작된다는 것을 알고 있습니다. 입사 후에도 고객과 CGV의 지속적인 다리 역할을 하는 그 중심이 되겠습니다.

◈ 대학 생활 중 가장 성취감이 컸던 경험과 목표 달성을 위한 본인의 노력에 대해 기술하여 주십시오.

[보험설계사 활동을 통해 얻은 11명의 고객]

살다 보면 간절히 하고 싶었던 일을 하게 되어 1분 1초가 아까운 순간도 있고, 바라지 않았던 일들과 마주하게 되어 피하고 싶은 순간도 있습니다. 저는 후자의 상황에서 근성을 발휘해 업무에 대한 더 나은 결과를 이끌어 낸 경험이 있습니다.

△△보험사 인턴으로 활동하면서 사전에 언급되지 않았던 보험 판매 영업을 한 적이 있습니다. 처음에는 사람들의 계속되는 가입 거절에 상처도 받았습니다. 하지만 그럴 때일수록 한 사람만이라도 성공해 보자는 생각으로 마음을 다잡았습니다.

수많은 시행착오를 겪으며, 지점이 아닌 길거리 영업의 특성상 구매자에게 짧고 정확한 설명으로 상품에 대한 확신을 주어야 한다는 사실을 알게 되었습니다. 이에 가장 잘 팔리는 타사 상품 5개를 선택해 가입 나이, 수령금 등 50개 항목을 나눠 자사 상품과 비교한 후 경쟁력을 파악한 판매 대본을 썼습니다. 반복적인 모의 연습으로 대본을 숙지하다 보니 상품에 대해 더 쉽게 설명해 드릴 수 있었습니다. 또 손 글씨로 상품 내용을 적은 홍보 엽서를 직접 만들어, 고속버스터미널 내 상점 사장님들께 나눠드리며 고객 확보의 가능성을 높여 갔습니다. 그렇게 한 달 후 11건의 실적을 달성해 4월의 우수 인턴이 될 수 있었습니다.

이 경험을 통해서, 어떤 업무를 하느냐보다 중요한 것은 일에 대한 관심과 열정을 갖는 것임을 알게 되었습니다. 이는 예기치 못했던 업무에도 인턴 과정을 끝까지 수료할 수 있었던 이유이기도 합니다.

입사 후 CJ CGV의 멀티플렉스 매니저가 되어서도 근성을 발휘하여 사이트를 운영하겠습니다. 이를 통해 한 가지 시도로 고객의 만족을 얻지 못하더라도, 포기하지 않고 끊임없이 다른 기획을 제시해 내는 CJ인이 되겠습니다. 또한 제가 속해 있는 사이트 외에도, 활발하게 진출하고 있는 중국 사이트 등 타 지점에도 좋은 아이디어를 제시해 낼 수 있도록 인내심을 갖고 도전하면서 CGV의 고객 점유율을 높이겠습니다.

◆ **가족관계, 학교 생활 및 성적, 취미, 특기 등의 성장과정**(500자 이내)

[신뢰를 뿌려야 결실을 맺는다]

부모님께서 화원을 운영하시는 모습을 보며, 정도(正道) 경영의 중요성을 알았습니다. 매장 한쪽에 포장지 원가를 적어두고 고객 분들께 그 값만 받으셨고, 잎에 0.1센티미터의 상처라도 있으면 번거롭더라도 거래처로 물건을 돌려보내셨습니다. 5년간 120여 명의 단골을 만들어, 몇 배의 수익을 얻는 모습을 보면서 정직은 곧 성공임을 배웠습니다.

이러한 배움은 △△생명에서 보험설계사로 활동할 때 이점으로 발휘될 수 있었습니다. 보험 판매를 위해서는 상품을 완벽히 알아야 정확한 설명이 가능하다고 생각했고, 타사 상품과 비교해가며 △△생명의 '100세 청춘 상품'을 공부했습니다. 이율과 담보 대출 등의 부가적인 사항에 대해서도 하나씩 알려드리며 고객의 이해를 도왔습니다. △△생명에서 제공할 수 없는 서비스에 대해서는 솔직히 말씀드렸고, 대신 타 은행과 증권사의 상품 책자를 가져다 드리며 신뢰를 쌓았습니다. 그렇게 한 달간 5건의 실적으로 4월 우수 인턴도 될 수 있었습니다.

◈ 자기 성격의 장점과 단점(500자 이내)

[장점: 모르는 것은 솔직함으로 개선]

대학 입학 후 학생회 활동과 학비에 보탬이 되고자 아르바이트를 하게 되었고, 이 때문에 학업에만 전념할 수 없었습니다. 2학년 1학기가 지나 성적표를 보니 낮은 점수도 많았고 무엇보다 전공 기초의 부족함을 느껴 다음 심화과정을 따라가는 데도 어려움을 느꼈습니다. 그 후 공부할 시간을 더 만들어 보려고 노력했고, 아침에 30분씩 더 일찍 일어나고 점점 늘려나가며 나중에는 2시간씩 일찍 일어나 기초 과목들을 다시 공부해 모두 4.0의 학점을 받을 수 있었습니다. 비록 합산 학점의 점수는 낮지만, 부족함을 개선시켜 나가려는 의지는 저의 좋은 장점입니다.

[단점: 의욕이 앞서는 것]

대학교 1학년 때 학생회에서 활동하면서 새내기를 위한 사업을 기획했을 당시, 강연자 초청과 마술 공연 등 너무 많은 것을 담아내려다가 오히려 조촐한 사업을 열게 되었습니다. 이 경험을 계기로 철저한 사전 조사와 할애할 시간을 적으며 일을 계획하고 있습니다.

◈ **새마을금고를 선택한 동기 또는 입사 후 마음가짐과 태도(500자 이내)**

[진심을 실현하는 새마을금고]

△△보험사 인턴 당시, 간혹 고객분들 중에 타사보험 계약서를 가져와서 궁금한 점을 물어보셨습니다. 자사 상품을 먼저 설명해 드려야 한다는 생각에 초조했지만, 보험 용어나 환급액에 대해 아는 만큼 말씀드리며 도움을 드렸습니다. 이 행동들이 믿음을 쌓았고 결국 보험이 필요한 지인들을 소개해주시는 모습을 보며 고객과의 관계는 내 이익이 아닌 진심에서 시작됨을 알았습니다.

새마을금고는 부유층 구분 없이 고객을 배려하며, 지역민을 위한 특화된 금융서비스로 타 금융사들과는 차별화된 길을 지향하고 있습니다. 이에 고객들과 50년간 신뢰를 쌓는 모습을 보며 진정한 상생을 위한 길을 함께 걷고자 지원했습니다. 입사 후에는 중소기업을 지원하는 금융전문가로 성장해 나가겠습니다. 우량 중소기업들을 확보해 내부 수익률을 상승시키고, 타 금융사 상품에 대한 철저한 비교 분석으로 기획안도 작성하겠습니다. 또한 온-오프라인 연계 상품제안으로 새마을금고의 금융선진화에 기여하겠습니다.

◈ **학창 시절**(학생회 활동, 동아리 활동, 봉사활동) **및 병역사항**

[나도 서울에 살고 싶다!]

10분 거리에 대형할인점 등의 모든 문화시설이 있는 서울에 사는 것이 저의 학창 시절 꿈이었습니다. 차를 타고 30분을 이동해야만 비로소 작은 가게가 하나 나오는 시골에서 자라면서 더 넓은 세상을 보고 싶었기 때문입니다. 이제는 그러한 꿈이 있었던가 싶을 정도로 현실의 목표만을 생각하게 되었지만, 그래도 지나온 길을 되돌아보면 그 꿈 자체는 이루어져 있어 신기하기도 합니다.

새로운 경험에 대한 동경이 있었던 저는 대학 입학 후 4년간의 목표 역시 '최대한 많은 활동을 하자'였습니다. 1, 2학년 때에는 경영경제대학과 51대 총학생회에서 활동하였습니다. 다른 학과들과 함께 농촌봉사활동을 추진하거나, 신입생환영회 등 크고 작은 행사들을 기획하면서 대처능력과 추진력을 기를 수 있었습니다. 또한 천여 명의 학우와 두루 친하게 지내며 사교성을 발휘할 수 있었습니다.

3학년 이후에는 주로 밴드 활동에 집중했습니다. 시가스 팰리스라는 학내 밴드동아리에 드럼 연주자로 활동하면서 실력을 쌓기 위해 하루 2시간씩 꼭 연습했습니다. 이를 통해 기본 체력은 물론이고, 일 년에 두 번 그동안 연습한 곡을 바탕으로 공연을 개최하는 등 공연 관객을 모으기 위한 전략적인 기획 경험을 쌓을 수 있었습니다.

방학 동안에는 ○○공사 등의 기업에서 아르바이트를 하면서, 대차대조표를 정리하고 확인하는 일을 담당했습니다. 수치를 다루는 일인 만큼 꼼꼼하게 업무를 수행했습니다. 또한, ○○제과점에서 7개월과 커피 전문점에서 2개월간 식음료 판매 및 서비스 업무를 하면서 작은 서비스의 차이들이 고객들에게 매우 큰 영향을 미친다는 것을 경험할 수 있었습니다.

14개의 활동을 통해 여러 사람을 만나고, 다양한 단체 생활을 했던 경험들은 저에게 소중한 자산이 되었다고 생각합니다. 현대해운 입사 후 저의 경험들은 능숙하게 기업 문화를 익히고 사람들의 니즈를 정확히 파악해 홍보에 반영하는 역량으로 발휘될 것이라 확신합니다.

◈ **연수경험**

[학습 멘토링을 통해 배운 기획력]

저는 교육을 통해 홍보에 대해 전문적으로 배운 적은 없습니다.

하지만 홍보 업무를 직접 담당하면서 경험을 통해서 업무를 터득하고 배워왔습니다.

대학 입학 후 보육원에서 아이들의 학습 멘토로 6개월간 활동한 적이 있습니다. 학습 지도는 물론이고 매달 보육원 아이들의 멘토링 제도가 활성화될 수 있도록 대학생들과 프로모션을 기획하고 진행했습니다. 아이들과 같이 공부해 보니 아이들을 한 명씩 살펴보기에는 보육원 선생님들이 부족했습니다. 이 때문에 아이들이 올바른 학습 습관을 갖거나 과제를 해결하는 데 어려움이 느끼고 있다는 것을 알게 되었습니다.

프로모션에서도 여기에 착안하여 보육원 선생님들이 여러 명의 아이를 돌봐 주다 보니 학생들 개개인에게 맞는 가정교육이 부족하다는 것을 알리는 데 주력했습니다. 또한 아이들과의 멘토링 체험을 통해서 멘토 봉사활동에 대해 잘 알지 못했던 대학생들의 궁금증들을 해소하는 데 초점을 맞춘 행사를 기획했습니다. 그 결과 많은 대학생의 관심과 자원 활동을 이끌어 낼 수 있었습니다.

현대해운 입사 후에도 지속적인 고객 확보를 통해 매출 증대를 이끌어내는 프로모션들을 기획하겠습니다.

[엄마와 데이트하는 날]
학생회 사업국장으로 활동할 당시 여성의 날을 기념하기 위한 프로젝트에서 홍보를 담당했습니다. 사은품을 주는 홍보에도 불구하고 '여성의 날' 자체에 대해 알지 못해서 그냥 지나쳐 가는 학생들이

많았습니다. 저는 이러한 분위기를 전환하기 위해, 여성의 날은 단순히 어머니의 집안일을 도와드리는 날이 아니라 어머니를 위한 하루를 선사하는 날이라는 더 넓은 의미를 생각해냈습니다. 먼저 '오늘은 엄마와 데이트하는 날'이라고 쓰인 현수막을 걸었습니다. 또 주걱과 국자에 작은 이름표를 달아 '나도 부엌 밖을 보고 싶다'라는 문구를 적어 나눠주었습니다. 이색적인 홍보에 학생들은 점차 관심을 보였고, 큰 호응을 이끌어 낼 수 있었습니다. 현대해운 입사 후에도 맹목적인 관심 끌기에서 끝나는 것이 아니라, 새로운 기획을 통해 현대해운의 가치를 알리고 고객들과의 소통에 집중하는 신입사원이 되겠습니다.

◆ **자기계발 노력**

[홍보는 전단지를 돌리는 일이 아니다]

△△보험사에서 6개월간 인턴을 하면서 통합금융의 마케팅을 담당했습니다. 통합금융은 △△계열사에 금융사들이 통합적으로 하나의 인턴 과정을 만들어 금융 인재를 양성하기 위해 만든 부서였습니다. 2011년 하반기에 처음 시도되는 인턴 과정이었기 때문에 인턴들이 직접 마케팅과 상품 영업을 담당하였습니다.

저는 6명의 동기와 통합금융이라는 부서를 알리는 데 집중하는 마케팅 부서의 일원으로 활동했습니다. 방송이 진행되고 있다는 의미로 쓰이는 'on'과 통합금융의 '통'이라는 글자를 따서 'on-tong'

블로그를 운영하였습니다. 블로그 안에 경제 상식, 금융 상품 소개 등의 다양한 게시판을 만들어 고객들의 편의를 도모했습니다. 또 어수선한 분위기가 연출되지 않도록 글자 크기나 첨부 사진의 사이즈를 일률적으로 정하여 깔끔하게 보이도록 자료를 올렸습니다.

한 달에 한 번은 길거리 홍보 활동도 하였습니다. 통합금융을 알리기 위해서는 사람들과의 만남이 중요하다고 생각하였고, 테헤란로에 나가 사람들의 명함을 응모권으로 하여 책 선물을 드리는 기획 행사를 열어 통합금융의 이름을 알리는 데 주력했습니다. 더불어 응모함 옆에는 통합금융의 인지도를 확인하기 위한 설문지를 돌려서 앞으로 통합금융이 나아가야 할 홍보 방향을 수정하는 데 활용했습니다.

또 아침에는 인턴들이 모두 회사 앞에 나가 출근하시는 직장인분들에게 힘을 드릴 수 있는 노래를 불러드렸고, 버스를 타고 지나가시는 분들에게도 통합금융을 알릴 수 있었습니다.

단순히 현수막을 걸고 전단지를 나눠주는 것이 홍보라고 생각했던 저는 인턴 경험을 통해 사람들을 직접 만나 통합금융의 가치를 전하고 넓게는 앞으로 나아가야 할 방향을 정하는 중요한 업무가 홍보임을 알게 되었습니다.

입사 후에도 현대해운이 사람들에게 사랑받는 기업이 될 수 있도록 하는 데 일조하고 싶습니다.

◈ 존경하는 인물, 이유

[미래를 위해 지금을 접을 수 있는 용기]

인턴 당시에 통합금융을 총괄하셨던 ○○○ 파트장님을 존경합니다. 건축학을 전공하여 S기업에 입사하셨고, 누구나 알 만한 유명 아파트 설계를 담당하실 정도로 핵심 인재이셨습니다. 때문에 안정적인 복지 혜택과 우대를 받으셨지만, 뒤늦게 자신이 원하는 일은 금융 전문가가 되는 것임을 알게 되었고, 그 후 늦은 나이였지만 금융 회사로 이직을 하시며 이 분야의 최고가 되기 위해 끊임없이 노력하신 결과 지금의 자리까지 올라오셨습니다.

자신에게 주어진 부와 명예를 접어두고 앞으로의 즐거운 도전과 미래를 생각하며 다시 처음부터 시작하셨던 그 용기를 본받고 싶습니다.

저 또한 경제를 전공했지만 금융권 종사보다는 홍보 업무가 제가 가장 잘할 수 있는 일이며, 즐기면서 할 수 있는 일이라는 것을 알게 되었습니다. 현대해운 입사 후에도 끊임없는 연구와 노력으로 현대해운의 홍보 전문가가 될 것입니다.

◈ 지원동기 및 입사 포부

[고객을 위한 드림백, 현대해운을 위한 박인영백!]

현대해운이 해외이사의 전문기업이 될 수 있었던 이유 중 하나는 고객만족도 조사를 통해 얻게 된 결과들을 바로 바로 서비스화 했던 실천 때문이라고 생각합니다. 실제로 '더 큰 꿈을 129,000으로 보내세요'라는 문구와 함께 높은 편의성과 저렴한 비용을 강점으로 한 드림백 역시 이를 대변해 주고 있습니다.

이처럼 현대해운은 물류비용 절감을 이유로 운송에 대한 부담을 소비자들에게 전가하고 있지 않았습니다. 단순히 이윤을 창출하기 위해서가 아니라, 고객의 행복을 위해 책임과 의무를 다하고 있는 모습을 보면서 현대해운 입사를 희망하게 되었습니다.

현대해운과 같이 세계적인 규모의 홍보를 담당하려면 무엇보다 고객이 무엇을 원하는지를 정확히 파악할 수 있는 능력과 신뢰가 중요하다고 생각합니다. 저는 전공과는 별도로 커뮤니케이션과 심리학 강의를 들으며 대인 관계에 대한 지식을 쌓아왔습니다. 이를 바탕으로 고객의 요구사항과 고충을 정확하게 파악하고 한결같은 모습으로 고객들에게 신뢰를 드리겠습니다. 더불어 적극적인 홍보 활동을 통하여 현대해운의 브랜드 가치를 전 세계에 옮길 수 있는 '박인영백'이 되겠습니다.

◆ **지원동기**

[사람을 향한 인(人)바라기, 박인영]

인간 심리에 대한 관심이 많아 전공과는 별도로 커뮤니케이션과 심리학 강의를 들어왔습니다. 이에 '심리학의 이해', '언어와 표현' 등의 강의는 A학점 이상을 받으며 대인 관계에 대한 지식을 쌓아 왔습니다. 또한 서점 방문을 취미로 삼아 다양한 관련 서적을 접하며 관점을 조금만 바꾸면 사고방식이 성장할 수 있음을 배웠고, 실제 생활에서도 유연한 시각으로 문제를 해결하고자 주의를 기울여 왔습니다. 이러한 과정들 덕분에 서비스직 아르바이트와 영업 인턴을 하면서 고객의 요구사항과 고충을 정확하게 파악할 수 있었습니다.

[고객 서비스 경험]

고객을 최우선으로 생각해야 하는 영업인에게 고객 불만에 대처하는 능력은 매우 중요하다고 생각합니다. 제과점과 커피 전문점에서 1년간 식음료 판매 경험을 통해 다양한 고객을 응대하면서 이러한 능력을 길러 왔습니다.

학교 근처 제과점에서 일할 당시에 한 아주머니께서 개를 데리고 매장에 오신 적이 있습니다. 규정상 매장 내 애완동물은 출입이 안 된다고 말씀드렸지만, 아주머니께서는 불만 섞인 말투로 화를 내셨습니다. 저는 '내가 고객이라면 무엇을 원할까'를 생각해 보았고 최대한 상황을 이해시키고 해결 방안을 찾아보는 게 최선이라 생각했습니다.

이에 강아지 털이 빵에 붙을 수 있어서 안 된다는 정확한 이유를 말씀드린 후, 대신 밖에서 강아지를 돌봐드릴 테니 매장에 들어가서 원하는 빵을 사서 나오시면 다시 들어가 계산해서 나오겠다고 말씀드렸습니다. 아주머니께서는 곧 화를 푸시고는 고맙다는 인사와 함께 빵을 구매해 가셨습니다.

이처럼 고객의 불만은 말로만 해결하기보다 고객의 입장에서 문제를 해결하기 위해 움직여야 한다는 것을 알고 있습니다. 지오다노 입사 후에도 열린 사고로 대안을 제시하고 몸소 실천하겠습니다.

[상품 영업 경험]

△△보험사 인턴으로 활동하면서 사전에 언급되지 않았던 보험 판매 영업을 했습니다. 처음에는 사람들의 계속되는 가입 거절에 상처도 받았습니다. 하지만 그럴 때일수록 한 사람만이라도 성공해 보

자는 생각으로 마음을 다잡았습니다.

수많은 시행착오를 겪으며, 길거리 영업의 특성상 구매자에게 짧고 정확한 설명으로 상품에 대한 확신을 주어야 한다는 사실을 알았습니다. 이에 가장 잘 팔리는 타사 상품 5개를 선택해 가입 나이, 수령금 등 50개 항목을 나눠 자사 상품과 비교한 후 경쟁력을 파악한 판매 대본을 썼습니다. 반복적인 모의 연습으로 대본을 숙지하다 보니 상품에 대해 더 쉽게 설명해 드릴 수 있었습니다. 또 손 글씨로 쓴 홍보 엽서를 만들어 고속버스터미널 내 상점 사장님들께 돌리며 고객 확보의 가능성을 높여 갔습니다. 그리고 한 달 후 11건의 실적을 달성해 4월의 우수 인턴이 되었습니다.

어떤 업무를 하느냐보다 중요한 것은 일에 대한 관심과 열정을 갖는 것임을 알게 되었습니다. 이는 예기치 못했던 업무에도 인턴 과정을 끝까지 수료할 수 있었던 이유이기도 합니다.

입사 후 지오다노의 영업사원이 되어서도 저의 근성을 발휘하여 구매 채널의 다양화로 인한 고객 이탈을 막고, 소비자들의 구매력을 향상시켜 아시아를 넘어 전 세계적으로 지오다노의 브랜드 가치를 높이겠습니다.

◈ 성장과정

[넓어진 관심의 폭과 유연한 사고력]

10분 거리에 모든 문화 시설이 자리 잡고 있는 서울에 사는 것이 저의 학창 시절 꿈이었습니다. 아버지의 차를 타고 20분을 이동해야만 작은 가게가 하나 나오는 시골에 살면서 더 넓은 세상을 보고 싶었기 때문입니다. 이처럼 새로운 경험에 대한 동경이 있었던 저는 대학 입학 후 밴드동아리, 리더십 아카데미를 포함해 14개의 다양한 활동을 해왔습니다. 이를 통해 많은 사람을 만나면서 관심의 폭을 넓혀 갈 수 있었고, 문제를 유연하게 대처해 나가는 사고력을 기를 수 있었습니다.

특히 모교 학생회 사업국장으로 활동하면서 맡았던 축제 총괄 업무를 관심과 유연성을 갖고 성공적으로 수행했습니다. 학과별로 진행하는 사업에 필요한 물품들을 2주 전에 미리 확인하고, 부족한 물품을 주문하여 차질 없이 행사가 진행되도록 하였습니다. 밤에는 기획단원들과 함께 돌아다니며 술 취한 학우들의 택시를 잡아주거나, 휴게실로 부축해주며 안전한 귀가를 도왔습니다. 또한 상도역과 버스 정류장 등 학교 주변을 살피는 순찰 업무를 통해 3일간의 축제를 아무런 사건 사고 없이 마무리할 수 있었습니다. 이러한 관리 능력을 바탕으로 입사 후 영업인으로서 핀 조명, 마네킹 등의 시설물을 살필 때도 작은 부분까지 세심하게 확인하며 고객의 몸과 마음이 편한 공간으로 만들겠습니다.

한편, 학과 간 중복되는 축제 사업 기획서를 제출한 경우에는 문제를 해결하는 중재자 역할도 하였습니다. 에이드 음료를 투명 팩에 넣어 판매하는 사업을 두고 두 학과 사이에 갈등이 생겼고, 이를 해결하기 위해 상품 세분화를 제안했습니다. 한 가지 맛이 나는 음료

와 혼합 음료 판매팀으로 나누었고, 팩에 네임펜으로 그림을 넣거나 커플 팩 등 다양한 기획을 생각해내 각자 다른 경쟁력을 가질 수 있도록 하여 문제를 해결할 수 있었습니다.

저의 유연한 사고력은 사원들과 생길 수 있는 마찰을 해소하고 조직원들과의 협력을 이끌어 내어 고객 가치를 실현하는 데 도움이 될 것입니다.

◆ 지원동기 및 장래비전

| 지원동기 |

[발전 가능성의 무한함, 최상의 서비스 지향하는 지오다노]

지오다노의 가장 큰 강점은 아시아 시장의 역동성과 고객의 마인드에 대한 깊은 이해를 가지고 있다는 점입니다. 아시아 경제위기 동안에도 지오다노는 브랜드 철학을 강조하며 지속적인 성장을 유지할 수 있었고, 보다 더 많은 고객이 원하는 가격과 가치에 대해 인식할 수 있습니다. 이처럼 지오다노는 위기를 기회로 잡을 줄 아는 기업입니다. 또 유통업계의 가장 중요한 재고물량의 시기적절하게 신속한 재고관리 시스템을 통해 관리함으로써 소매 산업에서 승부의 결정적 요소라 할 수 있는 유행의 변화에 신속하게 대응해 왔습니다. 이러한 점에서 북미와 유럽 등 세계 시장으로 성공적으로 진출해나갈 지오다노의 발전 가능성을 보게 되었습니다.

하지만 단순히 성장 가능성만을 보았다면 저는 지오다노에 지원하지 않았을 것입니다. 지오다노는 브랜드 철학 중에서도 사람을 향한 서비스 마인드를 가장 강조하고 있었습니다. 묻지 않고 교환해 주기, 미소로 대접하기 등 주요 캠페인을 통해 우월한 서비스를 제공해 왔습니다. 또 조직원들에게도 '에티튜드 트레이닝' 등을 통해 기업 문화를 익힐 수 있도록 하여 최고의 서비스를 제공하고 있습니다. 이에 지오다노라는 브랜드의 신뢰와 실행 가능한 서비스들을 고객과 나누는데 자부심을 느낄 수 있는 기업이라 생각해 지원하였습니다.

| 장래비전 |

['지오다노와 결혼해라'의 저자 박인영]

지오다노에서 일하며 느낀 생각과 일화를 사람들과 공유하고 싶어 책을 쓰게 되었다는 인영 씨를 만났다.

─하시는 일이 궁금합니다.

영업 총괄 담당자로 부서 간 회의진행이나 영업직 후배들의 인성과 전문성을 확립하기 위한 교육을 담당하고 있습니다. 영업사원으로 시작해 10년째 영업 분야 직무를 수행하고 있어요. 많은 이유가 있지만, 평소에 입고 나갈 옷에 마음에 안 들면 몇 번이나 고쳐 입을 정도로 패션에 관심이 많았어요. 그래서 트렌드를 파악해 고객에게 지오다노의 옷들을 추천해 드리는 게 즐거웠거든요.

—신입사원 때는 무슨 일을 하셨는지요?

입사 후 2년 동안은 뼛속까지 지오다노인이 되고자 노력했어요. 회사에 대한 자부심이 있어야 즐겁게 일할 수 있다고 생각했거든요. 기업 문화를 익히기 위해 교육받은 내용도 반복해서 보고, 지오다노의 강점과 보완점을 분석해 개선 방향을 매일 정리했어요. 그렇게 했던 게 지오다노에 대해 깊이 있게 알고, 세심하게 영업을 할 수 있었던 이유 중 하나였던 것 같아요.

—그 이후에는 주로 어떤 업무를 하셨는지요?

두 가지를 주력으로 영업 실적을 올리는 데 집중했어요. 첫 번째는 온라인 연계 활동인데, 매장에서 지오다노 물건을 확인하고 온라인에서 구매하는 손님들을 보고 시작하게 되었어요. 예를 들어 지오다노 방문 후기를 올리면 온라인 쇼핑몰 쿠폰을 제공하는 등 대외 협력체와의 연계를 통해 오프라인에서 놓치는 고객 확보를 위해 연구했습니다.

두 번째는 대외 판매인데, 대학 때 많은 활동을 한 덕분에 지인들이 많은 점을 활용하고 싶었어요. 그래서 지인들 회사 단체 티에 활용될 의류를 지오다노에서 구매하도록 연결해주었어요. 마지막까지 가격 협상에 힘쓰는 모습을 좋게 봐주신 분들이 다른 분들도 소개해 주시더군요. 지금은 직접 전담부서를 만들어 체계적으로 활성화시키고 있습니다.

미래 저의 가상 인터뷰 내용을 통해 장래비전을 적어봤습니다. 영업사원을 시작으로 지오다노인이 되는 첫 단추를 채우고 확고한 목표 의식과 애사심이 충만한 지오다노인으로 은퇴하고 싶습니다.

◈ 삶을 통해 이루고 싶은 인생의 비전 또는 목표 3가지를 우선순위 순으로
  적어 주십시오.

1 이랜드 고객들을 위해 기억에 남을 만한 기획안 수립 및 시행!

2. 의상 디자인 공부 후, 조그만 편집샵 매장 내기!

3. 불어, 일본어, 영어 마스터하기!

◈ 자신이 다른 사람과 구별되는 능력이나 기질을 써주십시오.

1. 소탈한 미소에서 보이는 인심

2. 끝까지 마무리하는 뒷심

3. 상대방을 바로 보려는 관심

◈ 자신의 인생에 가장 영향을 끼친 사건 3가지를 든다면?

1. △△보험사 1기 영업 인턴, 마음만은 영업의 달인.

2. 대입 실패 후 노량진에서의 6개월, 7등급을 이겨 내다.

3. 아버지의 대상 포진, 사랑하는 사람은 늘 옆에 있어 주지 않는다.

◈ **살아오면서 자신이 성취한 것 중 자랑할 만한 것을 1, 2가지 소개해 주십시오.**

1. △△보험사 인턴 때 처음 본 17명의 마음을 얻음. (지점이 아닌 외부에서 금융 상품 판매)

2. 제과점 아르바이트 당시, 사소한 빵 포장 방법의 변화로 우리 점포 No1.인기상품을 만든 점.

◈ **후배에게 추천하고 싶은 책 3권을 중요한 순서대로 적어 주십시오.**

1.《내 가슴을 뛰게 할 잊혀진 질문》, 차동엽 지음

2.《앞쪽형 인간》, 나덕렬 지음

3.《로마인 이야기》, 시오미 나나미 지음

◈ **즐겨 찾는 인터넷 사이트와 그 이유를 설명해 주십시오.**

on style 블로그 – 패션 트랜드 파악 및 홈페이지 이벤트 참여

◈ **자신에게 있어서 직장 생활의 의미를 써 주십시오.**

익숙함에서 벗어날 수 있는 곳, 즉 창의적인 결과에 호응을 얻을 수 있기에 자연스레 역량을 높여 가는 것이 가능한 곳

◆ **지원동기를 구체적으로 적어 주십시오.**

[첫째, 현실을 알고 있는 기업]

은퇴 나이까지 직장인으로 일하는 것이 제 바람입니다. 하지만 여자로서 직장 생활의 여건은 어려운 게 현실입니다. 이랜드는 이런 고충을 알고 있었고, 업무에 전념할 수 있는 조직문화가 있는 곳이었습니다. 2년의 육아 휴직을 권장하고, 여성 임원의 배출률이 지속적으로 높아지는 곳이 이랜드였습니다. 또한 '박성경 부회장'님의 인터뷰 내용들은 실제로도 '여자가 오래 일할 수 있는 곳'임을 증명해 주고 있었습니다.

[둘째, 다른 것을 배워가기]

입고 나갈 옷이 마음에 안 들면 몇 번이고 고쳐 입을 정도로 패션에 관심이 있던 저는 이랜드에 이끌렸습니다. 하지만 관심이 있는 것만으로는 업무를 수행해 나갈 수 없으며 비전공자가 패션회사에 입사하는 것은 현실적으로 힘든 것이 사실이었습니다. 그러던 중 fashion retail의 핵심 업무로 불리는 매장과 고객의 컨설팅을 해 주는 패션 브랜드 매니저를 알게 되었습니다. 이는 기존에 금융 상품 영업으로 길러온 커뮤니케이션 능력으로 매장주와 비지니스 파트너로서 관계를 맺는 데 좋은 역량이 될 것이라 생각했습니다. 또한 경제학도로 배운 지식을 시장분석에 녹여 내겠습니다.

◆ **위에서 표현되지 못한 자기소개를 간단하게 적어 주십시오.**

[owner-ship!]

　△△보험사 인턴 중에 지점이 아닌 '아웃바운드' 보험영업을 하게 되었습니다. 처음에는 사람들에게 대뜸 상품 이야기를 꺼내는 것이 창피했습니다. 하지만 이는 상품을 분석하지 않은 제 탓임을 알게 되었고, △△사의 상품은 물론 타사 상품의 장단점까지 명확히 공부했습니다. 그러다 보니 영업이 즐거워졌고, 고속터미널 내에 상점 사장님들께는 손 글씨로 쓴 홍보 엽서도 돌리며 적극적으로 임할 수 있었습니다. 또한 '적금'은 제 판매 상품이 아니었음에도 바쁜 분들을 대신해 은행을 방문 후 안내책자를 갖다 드렸고, 금리나 마일리지 혜택도 알려드렸습니다. 그래야만 고객의 어떤 문의에도 답해 드리며 믿음을 쌓을 수 있다고 생각했기 때문입니다. 비록 새내기 판매원이었지만, 자신감과 확신을 갖고 임한 결과 17명의 고객을 만들 수 있었습니다. 어떤 업무를 하느냐보다 중요한 것은 일에 대한 열정과 주체성을 갖는 것임을 알게 되었습니다. 이는 예기치 못했던 직무에도 끝까지 인턴을 수료할 수 있었던 이유이기도 합니다. 이렇듯 업무와 조직에의 책임감으로 이랜드 입사 후 패션 브랜드 매니저로서 고객과 끊임없이 인연을 맺는 신입사원이 될 것입니다.

◆ 당사에 지원하게 된 동기 및 자신이 지원한 분야를 성공적으로 수행할
수 있다고 생각하는 이유를 구체적인 사례를 토대로 기술하시오.

[사람을 향한 인(人)바라기, 애경그룹]

축구를 잘하기 위해서는 공을 쫓지 말고 사람을 쫓아야 한다는
말이 있습니다. 애경그룹 역시 눈앞에 있는 이익이 아닌 고객을 바
라보며 내실 있는 기업으로 성장해 왔습니다. 이에 AK 플라자는 백
화점 부문 TOP3가 아닌 TOP1으로 우뚝 설 수 있는 충분한 잠재력
이 있다고 확신하였습니다. 또한 애인경천(愛人敬天)을 추구하며 조
직원들을 다독이는 임직원을 향한 마음이 있었기에 지금까지 달려
올 수 있었습니다. 사람을 우선시하는 기업, 이는 제가 애경그룹의
일원이 되고자 하는 이유입니다.

[말이 아닌 행동으로 실천하는 고객 서비스]

고객을 최우선으로 생각해야 하는 영업 관리인에게 고객 불만에 대처하는 능력은 매우 중요하다고 생각합니다. 저는 제과점과 커피 전문점에서 1년간 식음료 판매 경험을 통해 다양한 고객을 응대하면서 이러한 능력을 길러왔습니다.

학교 근처 제과점에서 일할 당시에 한 아주머니께서 개를 데리고 매장에 오신 적이 있습니다. 규정상 매장 내 애완동물은 출입이 안 된다고 말씀드렸지만, 아주머니께서는 불만 섞인 말투로 화를 내셨습니다. 저는 '내가 아주머니라면 무엇을 원할까'를 생각해 보았고 최대한 상황을 이해시키고 해결 방안을 찾아보는 게 최선이라 생각했습니다.

이에 강아지 털이 빵에 붙을 수 있어서 안 된다는 정확한 이유를 말씀드린 후, 대신 밖에서 강아지를 돌봐드릴 테니 매장에 들어가서 원하는 빵을 사서 나오시면 다시 들어가 계산해서 나오겠다고 말씀드렸습니다. 아주머니께서는 곧 화를 푸시고는 고맙다는 인사와 함께 빵을 구매해 가셨습니다.

이처럼 고객의 불만은 말로만 해결하기보다 고객의 입장에서 문제를 해결하기 위해 움직여야 한다는 것을 알고 있습니다. AK 백화점 입사 후에도 고객 클레임을 해결할 때 열린 사고로 대안을 제시하고 몸소 실천하면서 고객이 존중받는 프리미엄 쇼핑문화공간을 창조하겠습니다.

◈ 애경그룹 유통부문(AK PLAZA AK MALL)을 가장 잘 설명할 수 있는 이미지와 그 이유에 대하여 기술하시오.

[장사꾼이 아닌 판매 사업가 AK]

제가 생각하는 애경그룹 유통부문의 이미지는 판매 사업가 이미지입니다. 장사꾼의 목적이 무작정 물건을 많이 파는 것이라면, 사업가의 목적은 하나를 팔더라도 정성을 다하는 것이라고 합니다. 이처럼 애경그룹의 AK 플라자와 AK 몰은 어떻게 돈을 벌 것인가보다, 어떻게 잘할 것인가를 먼저 생각하고 있었습니다. 타 유통업계들이 무분별한 점포 확장을 주력으로 하고 있을 때, 애경그룹은 면세 사업을 매각하고 잘할 수 있는 백화점 사업에 집중하였습니다.

더불어 30퍼센트가 넘는 유통점유율을 차지하고 있는 L 사의 사업 방식을 따라가려는 추세에서도 애경그룹은 자사의 강점인 스포츠, 캐주얼, 화장품 분야를 주력으로 AK 몰에 특정 상품을 노출시키는 색다른 전략을 선택해 애경그룹 유통분야의 입지를 확고히 했습니다. 또한 사람이 많은 지역만을 선택해 백화점을 개설하는 주거 밀집형이 아닌 부도심에 산재해 있던 제조업체들의 공장 부지를 활용, 시장 포화를 피하고 틈새시장을 공략할 수 있었습니다. 이어 수원 매경 역사와 평택 역사로의 진출을 통해서 새로운 매장 구성에 집중했습니다.

물론 분명한 것은 판매 사업가도 결국은 매출 극대화를 실현해야 하지만 그것이 단지 눈앞에 이윤만을 추구하는 방식으로 이루어져서는 안 된다고 생각합니다. 우수 업계들을 답습하면 어느 정도의 수익은 냈겠지만, 애경그룹은 장기적은 안목을 갖고 그 길을 택하지 않았습니다. 또 업계 TOP3가 되기 위해서는 선두를 따라가서는 안 된다는 의지가 있었기 때문에 고객을 먼저 생각할 수 있었습니다. 이러한 면에서 애경그룹 유통분문은 판매 사업가 이미지라고 생각 합니다.

◈ **자신을 한 단어로 표현하고, 그 이유에 대해 기술하시오.**

[저는 포근녀입니다]

저는 '포'기하지 않는 '근'성을 가진 '여'자입니다. 그래서 저를 '포근녀'라고 표현해 보았습니다.

살다 보면 간절히 하고 싶었던 일을 하게 되어 1분 1초가 아까운 순간도 있고, 바라지 않았던 일들과 마주하게 되어 피하고 싶은 순간도 있습니다. 저는 후자의 상황에서 근성을 발휘해 업무에 대한 관심과 열정을 이끌어 낸 경험이 있습니다.

△△보험사 인턴으로 활동하면서 사전에 언급되지 않았던 보험 판매 영업을 하게 되었습니다. 처음에는 사람들의 계속되는 가입 거절에 상처도 받았습니다. 하지만 그럴 때일수록 한 사람만이라도 성공해보자는 생각으로 마음을 다잡았습니다.

수많은 시행착오를 겪으며, 지점이 아닌 길거리 영업의 특성상 구매자에게 짧고 정확한 설명으로 상품에 대한 확신을 주어야 한다는 사실을 알았습니다. 이에 가장 잘 팔리는 타사 상품 5개를 선택해 가입 나이, 수령금 등 50개 항목을 나눠 자사 상품과 비교한 후 경쟁력을 파악한 판매 대본을 썼습니다. 반복적인 모의 연습으로 대본을 숙지하다 보니 상품에 대해 더 쉽게 설명해 드릴 수 있었습니다. 또한 손 글씨로 쓴 홍보 엽서를 만들어 고속버스터미널 내 상점 사장님들께 돌리며 고객 확보의 가능성을 높여 갔습니다. 그리고 한 달 후 11건의 실적을 달성해 4월의 우수 인턴이 되었습니다.

어떤 업무를 하느냐보다 중요한 것은 일에 대한 관심과 열정을 갖는 것임을 알게 되었습니다. 이는 예기치 못했던 업무에도 인턴 과정을 끝까지 수료할 수 있었던 이유이기도 합니다.

입사 후 AK 플라자의 영업 관리인이 되어서도 저의 근성을 발휘하여 구매 채널의 다양화로 인한 고객 이탈을 막고, 소비자들의 구매력을 향상시켜 AK 플라자의 낮은 인지도를 높이겠습니다.

◈ **본인의 소장품 중 최대 이윤을 남기며 판매할 수 있는 아이템을 선정하고, 그 방법을 소개하시오.**

[경품으로 받은 PMP]

이윤은 구매 당시의 비용을 재판매 금액에서 제외해야 하기 때문에 판매 금액을 전부 이윤으로 남길 수 있는 상품들을 생각해 보았고, 그 중 경품으로 받은 PMP를 판매 아이템으로 선정하였습니다. 하지만 PMP의 경우 스마트 폰, 태블릿 PC 등의 등장으로 시장 경쟁력이 약화되었다는 점이 판매의 가장 큰 걸림돌이라고 생각하였고,

이에 저는 두 가지로 판매 전략을 세웠습니다.

[판매 전략]

첫째, 타깃 설정하기

다양한 전자기기의 발달로 PMP는 이제 누구에게나 필요로 하는 기기가 아니기에 두 종류의 타깃을 설정하였습니다. 첫 번째는 개인 투자자입니다. 언제 어디서나 빠른 증시 확인을 바란다는 고객의 특성상 이동성과 속도를 동시에 고려한 PMP가 적합하다고 생각하였습니다.

두 번째는 수험생입니다. 수험생들의 경우 시험과 관련된 강의에 집중해야 하기 때문에 다른 기능이 거의 탑재되지 않은 강의용 위주의 PMP에 대한 수요가 상당할 것이라 생각합니다.

둘째, 동조 현상 활용하기

심리학자들의 말에 의하면 소비자들은 다른 사람들의 물건 구매를 보며 자신도 구매하지 않으면 외톨이가 될지도 모른다는 두려움을 갖고 있다고 합니다. 이에 저의 판매에도 동조 심리를 활용할 것입니다. 즉, '고객님과 똑같은 상황에서 A도 PMP를 사용했고, B도 PMP를 사용했습니다'라는 방법으로 소비자들의 구매 욕구를 불러일으키기 위해 블로그에 PMP로 공부하여 시험에 합격한 수기나 개인 투자자의 성공적인 투자 사례를 수집해 올려놓을 것입니다.

[판매 장소]

    개인 투자자와 수험생들을 대상으로 판매 목표를 세웠기 때문에 두 대상 모두 다양한 정보를 모으기 위해 인터넷 사용도가 높다는 점에 착안하여 저의 개인 블로그에 판매 글을 게시한 온라인 판매로 결정하였습니다. 더불어 인터넷 검색 사이트에 '주식 매매, 우량주'와 '합격 수기, 공부 방법' 등의 주식 시장과 수험 관련 검색어를 판매 글 태그에 연동시켜 관심 단어 검색 시 저의 블로그 글이 노출될 수 있도록 할 생각입니다.

◈ **취미와 특기**(자랑할 만한 사례가 있다면 기재, 200 Bytes 이내)

[데드 리프트와 드럼 연주]

허리를 굽혀 바벨을 드는 데드리프트 운동을 통해, 허리의 힘을 길렀습니다. 또 드럼 연주로 체력을 유지했습니다. 이는 입행 후 장시간 앉아 있어야 하는 업무에 도움이 될 것입니다.

◈ **나의 장/단점 각 3가지와 단점 보완을 위해 노력한 것**(200 Bytes 이내)

장점: 주변에 흔들리지 않는 신념

　　　나만의 길을 찾는 노력

　　　밝은 생활 태도

단점: 결과를 빨리 보려는 성급함

　　　장기적으로 생각하기, 어학능력 부족

　　　토익 11번째 도전, 왜소한 체격-운동으로 체력 유지

◈ 주변 사람들이 말하는 나에 대한 설명(200 Bytes 이내)

같이 있으면 유쾌한 사람(남자 친구 최○○), 작은 체격에도 힘이 넘치는 사람(차○○ 동아리 동기), 뭐든지 해보려고 시도해보는 사람(인턴 동기 백○○), 웃는 모습이 정감 있는 사람(친한 친구의 남자 친구 정○○)

◈ 내 삶에 영향을 준 것과 그 이후 바뀐 모습(200 Bytes 이내)

△△생명에서 6개월간의 보험영업을 통해 강인함을 키웠습니다. 대외적으로 고객을 찾아 상품을 소개하고, 100여 명의 사람과 책 증정 이벤트를 진행하면서, 당당함을 기를 수 있었습니다.

◈ 그동안 가장 관심 있고 호기심 많았던 분야(200 Bytes 이내)

IBK기업은행 입행 후 여신 전문역으로 성장하기 위한 준비에 호기심이 많았습니다. 금융자격증을 취득하고 소상공인들을 대상으로 재무설계를 한 경험도 있습니다. 또 기업은행의 일원이 되고자 도전해 왔습니다.

◆ 귀하의 성장과정을 통해 본인을 소개하여 주십시오. (가족, 가치관, 성격, 학창 시절 등, 1000 Bytes 이내(현재 994 Bytes))

[정직은 최고의 무기이다]

중학교 때 부모님께서는 화원을 운영하셨습니다. 매장 내 꽃 포장지에 원가를 적어두고 고객분들께 그 값만 받으셨고, 잎에 0.1센티미터의 작은 상처라도 있으면 다소 번거롭더라도 거래처로 물건을 다시 돌려보내셨습니다. 12년 간 수많은 단골 고객을 만들고, 몇 배의 수익을 얻는 모습을 보면서 정직은 곧 성공이라는 것을 몸소 배울 수 있었습니다.

이 때문에 △△생명에서 보험설계사로 활동할 때에도 솔직한 영업을 했습니다. 보험 판매를 위해서는 상품을 완벽히 알아야 정확한 설명을 해드릴 수 있다고 생각했고, 타사 상품과 비교해가며 해당 보험사의 '100세 청춘'이라는 보험 상품을 공부했습니다. 이율과 담보 대출 등의 부가적인 사항에 대해서도 하나씩 알려드리며, 고객의 이해를 도왔습니다.

더불어 해당 보험사의 상품 중에서 제공할 수 없는 금융 서비스에 대해서는, 타 은행과 증권사의 상품 안내책자를 가져다 드리며 신뢰를 쌓았습니다. 그렇게 한 달간 5건의 보험 실적으로 4월 우수 인턴이 된 경험도 있습니다.

입행 후에도 고객을 향한 신의성실한 자세로 업무에 임하는 IBK의 일원이 되겠습니다.

◆ **어떤 일에 대해 열정적으로 몰입했던 경험이 있다면 설명해 주십시오.**
(추진과정, 성취내용 등, 1000 Bytes 이내)

[시가스 팰리스의 드럼 연주자]

대학 시절 밴드동아리에서 드럼 연주자로 활동했습니다. 하지만 처음부터 연주자가 될 수는 없었습니다. 처음 드럼을 배웠기 때문에 다른 사람들과 합주도 할 수 없었고, 연주 방법도 몰랐기 때문입니다. 양팔과 다리를 모두 사용해야 하는 악기의 특성상 네 군데 모두 고르게 힘이 들어가야 했습니다. 또 힘의 강도를 조절해서 소리를 내는 일도 쉽지 않았습니다.

양팔에는 항상 파스가 붙었고, 종아리에는 근육통이 생겨 물리치료도 받았습니다. 하지만 힘들 때마다 한 번만 더 견뎌 보자고 다짐했습니다.

아침 8시부터 동아리 방에 나가서 연습하고, 늦은 시간까지 손목의 유연성을 길렀습니다. 또 악기 통의 위치와 조율 상태도 매번 바꿔보면서 최적의 소리를 찾기 위해 노력했습니다. 그렇게 꾸준한 연습 덕분에 23기 정식 드럼 연주자가 될 수 있었습니다. 이 경험을 통해 성취하는 보람을 느낄 수 있었습니다.

동기들의 소리를 먼저 듣고, 눈을 마주치면서 속도를 조절하면서 함께 연주하는 협력의 자세도 배웠습니다. 입행 후에도 맡은 바 결과를 보이기 위해 끊임없이 고민하며 조직원들과 화합하겠습니다.

◈ **팀워크를 발휘해 어려운 상황을 극복한 경험을 설명해 주십시오.** (본인의
역할, 장애 및 극복내용 등, 1000 Bytes 이내)

[233명과 함께 한 농촌봉사활동]

학생회에서 기획국장으로 활동하면서, 저의 역할은 학내 사업을
추진하고 학우들의 참여를 이끄는 일이었습니다. 2008년, 무주군
농촌봉사활동을 추진하게 되었습니다.

하지만 그 당시 학생들 사이에서 농촌봉사는 힘들다는 인식이 강
했습니다. 또 마을마다 분배되는 일도 달라 학생들 사이에 불만이
제기되기도 했습니다. 이에 노동의 개념보다는 일을 통해 보람을 느
낄 수 있도록 재능기부를 생각해냈습니다. 간호학과 학생 대표와 상
비약 지급과 혈압 재기에 대해 논의하고, 사범대 학우들과는 일일
공부방에 관해 토론하는 등 각 학과별로 특성에 맞는 봉사활동을
제안했습니다. 또 마을을 돌아다니는 일정표를 작성해 골고루 일을
배정했습니다.

이러한 점들을 홍보하기 위해 학생회 부원들과 조를 나눠 간단한
설명회를 열었습니다. 또 각자 수업이 없는 시간을 활용해 캠퍼스
내 홍보 활동도 병행했습니다. 색다른 시각으로 업무에 임해 그 결
과 팀원들의 의욕을 높일 수 있었습니다. 또 233명의 학생 참여도
이끌어냈습니다. 입행 후에도 동기들의 목표 의식을 높일 수 있는
차별화된 시각으로 업무에 임하겠습니다.

◆ **IBK기업은행을 지원한 동기와 본인이 잘할 수 있는 역량은 무엇인지 설명해 주십시오.** (은행원으로서 활용될 수 있는 역량 등, 1000 Bytes 이내)

[경쟁력을 갖기 위한 시작점]

금융자격증 취득과 인턴을 통해 기업은행 입행을 준비해 왔습니다. 하지만 기업은행의 행원이 되는 길은 쉽지 않았습니다. 이에 기업은행의 일원으로서 실무 경험과 업무 프로세스를 익히고 기업은행의 기업 여신 전문가로 성장해 나가기 위한 경쟁력을 갖기 위해 무기 계약직을 선택했습니다. 입행 후 스스로 부족한 점을 실무 경험으로 보완하며, 두 가지 경쟁력을 발휘하겠습니다.

첫째, 영업 경험입니다. △△보험사 인턴 중에 했던 보험 판매 경험을 통해 관계의 중요성을 배웠습니다. 24시간 상품을 공부하고 고객에게 적합한 재무설계를 해도, 가입 여부는 고객과 쌓아온 신뢰에 있다는 것을 알았습니다. 입행 후 믿음을 쌓는 일을 최우선으로 하여 고객과 마주하겠습니다.

둘째, 고객 대응력입니다. 중앙대 앞에 있는 ○○제과점에서 일할 당시, 한 아주머니께서 개를 데리고 매장에 오신 적이 있습니다. 하지만 안 된다는 말보다 빵에 강아지 털이 붙을 수 있다는 제지 이유를 말씀드리고 밖에서 개를 봐 드릴 테니 원하시는 빵을 계산대에 놓아달라고 말씀드리며 갈등을 해결했습니다. 입행 후에도 고객을 먼저 생각하는 신입텔러가 되겠습니다.

옆을 보지 못하는 경주마처럼 오직 앞만 보고 3년을 달렸던 삶이 오히려 조금만 멀리 보고 쉬어 갔더라면 6개월 만에 끝났을 것이다. 지난 3년이 시행착오 혹은 시간 낭비라 여길 수도 있다. 하지만 그만큼 값진 경험이 되었고, 인생의 든든한 버팀목이 생겼다. 그리고 내 경험으로 여러 사람에게 글을 남길 수 있다는 점에서 더할 나위 없이 기쁘다.

이 책을 읽는 수백만 명의 예비 직장인분에게 드리고 싶은 말은 단 하나다. 마음이 원하는지 세 번을 묻고, 확고한 대답이 나왔을 때는 뒤도 돌아보지 말고 나아가라. 연봉 높은 대기업, 정년이 보장되는 공기업, 누구나 알아주는 글로벌 기업 등등, 그러한 기업에 들어가기 위해 이렇게 치열하게 경쟁하고 있는 이유가 뭘까 고민해 봤다. 아마도 하고 싶은 일을 그리면서 이력서를 넣는 것이 아니라 누구라도 알아주는 기업 앞에 붙는 그럴 듯한 수식어를 중요시하며 취업을 준비하고 있기 때문일 것이다.

인사 담당자의 눈에 띄고 싶어서 자기소개서를 잘 쓰는 법을 알려주는 책을 20권 넘게 읽었다. 면접에 쉽게 통과하고자 달인이 되는 책을 읽으며 밑줄을 그었고, 워드에 정리까지 해 두었다. 그렇게 모든 것을 완벽하게 익혔고, 다른 지원자들보다 앞서 있다는 착각에 빠졌었다. 면접 대비, 자소서 대비, 영어면접 대비에 몰입했지만 정작 지금 회사에 입사하기 전까지 준비하지 못한 한 가지가 있었다.

취업 이후에 대한 전체 그림을 그려 보지 않았다는 것이다. 그래서 채용 원서를 제출하는 그 순간순간만 대비하며 3년을 보냈고, 취업 준비 기간도 인생의 한 부분이라는 개념을 인지하지 못했다. 가족과 친구들의 기대에 미치지 못한다는 생각에 자괴감도 들었고, 과연 이런 시간들이 끝나기는 하는 걸까 라며 불안해하기도 했다. 그렇게 포기하지 않고 달려온 3년이 끝나고 남는 건 후회감이 아닌 희열이었다. 남들이 가지지 못한 오랜 취업 준비 기간을 가졌고, 그로 인해 책을 통해 여러분을 만났다. 더불어 현재는 유통, 금융, 물류, 반도체 회사 등 여러 분야에서 일하고 있는 수많은 사람과 인연을 맺었다.

누구보다도 취업에 지친 당신의 마음을 이해하고 있다. 이 세상에서 내가 쓸모없는 사람이 된 것 같은 그 마음과 외로움은 친구들과의 수다나 가족들의 위로만으로는 속 시원하게 풀 수 없다는 것을 알기에 이 책을 썼다. 나와 같은 상황에 직면했을 때 어떻게 해결할 수 있을지 내 경험을 바탕으로 도움을 주고 싶었다. 때문에 자기소개서 작성, 면접 대비, 스터디하는 방법 등 취업 비법을 담아 이 책을 읽는 취업준비생들은 원하는 기업에 붙도록 도움이 되었으면 한다.

살기 위해 일을 하는 게 아니라 일을 하니 사는 맛이 나는 곳이 진정한 꿈의 기업이다. 겪어 보면 알겠지만, 우리가 그토록 선망해 마지않는 높은 연봉, 훌륭한 복지, 그럴듯한 기업 이름은 결코 우리 인생에 행복을 가져다주는 조건이 아니다. 설사 남들이 우러러보는 회사가 아니더라도 자신이 진정으로 하고 싶은 일을 하는 것, 그것이 바로 행복의 조건이다. 그리고 남들이 부러워하는 회사에 들어갔다 해도 견딜 수 없어 다시 시작하는 사람도 많다. 그러므로 가장 중요한 것은 자신의 인생을 책임져 줄 수 있는, 자신이 만족하고 좋아하는 일을 할 수 있는 일터다.

그리고 언젠가는 끝나기 마련인 취업의 과정 속에서 혼자만 힘들다고 생각하지 말라. 가장 큰 달콤함은 가장 쓴 것을 먹은 뒤에 올 수 있다는 점을 언제나 명심하라.

취업 비밀 노트

박인영 지음

발 행 일 초판 1쇄 2014년 12월 26일
발 행 처 평단문화사
발 행 인 최석두

등록번호 제1-765호 / 등록일 1988년 7월 6일
주   소 서울시 마포구 서교동 480-9 에이스빌딩 3층
전화번호 (02)325-8144(代)   FAX (02)325-8143
이 메 일 pyongdan@hanmail.net
I S B N 978-89-7343-409-1 (03320)

이 도서의 국립중앙도서관 출판시도서목록(CIP)은 서지정보유통지원시스템 홈페이지(http://seoji.nl.go.kr)와
국가자료공동목록시스템(http://www.nl.go.kr/kolisnet)에서 이용하실 수 있습니다.
(CIP제어번호: CIP2014034692)

저희는 매출액의 2%를 불우이웃돕기에 사용하고 있습니다.